Sustainable Transport :
도시정책 입안자를 위한 지침서 3C

버스 운영체제와 계획
Bus Regulation and Planning

Richard Meakin 저
안우영 박진영 공역

공주대학교

Sustainable Transport:
A Sourcebook for Policy-makers in Developing Cities
Module 3c

Bus Regulation and Planning
- Revised December 2004 -

본 문헌에 기술된 조사결과, 해석 및 결론은 Deutsche Gesellschaft fur Technische Zusammenarbeit(GTZ) GmbH가 수집한 정보와 GTZ의 컨설턴트, 협력자 및 확실한 출처의 기고자들로부터 얻은 것이다. 그러나 GTZ는 이 문헌에 기재된 정보의 정확성이나 완전성을 보장할 수 없으며, 이들 정보의 사용으로 발생하는 오류나 생략 및 손실에 대해 어떠한 책임도 지지 않는다.

이 책은 역자가 GTZ의 출판 허락에 따라 발행한 책입니다.

■■ 역자서문

본 번역서는 독일의 GTZ 라는 국가정책연구원에서 지속가능한 도시교통체계 구축을 위해 발간하는 연속 지침서 중 하나로 SUTP(Sustainable Urban Transport Project) 연구단에 의해 지속적으로 보완되고 세계로 보급되고 있는 책이다. 본 연속물의 다른 지침서로는 녹색교통, 이동성확보, 친환경교통수단 등으로 지속가능한 도시교통에 대한 기본 지식과 활용방안을 알기 쉽게 제공하고 있다. 따라서 전체 연속물에 대한 지속적인 번역 출판을 통해 현재 국내외에서 큰 관심이 되고 있는 지속가능 도시교통에 대해 일반인이나 전문가들에 기본적인 지식을 제공함으로써 해당 분야에 대한 지식 확산 및 활용에 기여하는 바가 크다고 할 것이다.

버스교통은 전 세계 모든 도시에서 가장 중요한 대중교통 수단으로 자리 잡고 있다. 버스교통은 각 국가별, 도시별로 다양한 형태로 운영되고 있는데 크게 공영, 경쟁입찰, 민영으로 구분할 수 있다. 일반적으로 대중교통에 대한 관심에 부족하고 제도적 환경이 미비한 개발도상국들의 경우 민영제가 대부분을 차지하고 있으며 대중교통에 대한 사회적 관심이 높은 선진국들의 경우 공영이나, 경쟁입찰제를 운영하고 있다. 본 번역서는 각 운영체제 별 장단점을 분석하고 국가별, 도시별 여건을 고려하여 가장 효율적인 운영체제를 선택할 수 있는 방법론을 제시하고 있다. 특히 대중교통 노선체계를 효율적으로 구성하고 운영하는 데 있어서 가장 적절하다고 평가되는 경쟁입찰에 의한 운영방식을 구체적으로 설명하고 경쟁입찰제를 도입하고 실시하기 위해 필요한 제도적 요소들을 제시하였다.

본 저서를 통해 국내 버스운영체제의 수준과 현황을 진단하고 세계 각국의 버스운영체제에 대한 비교, 검토를 통해 국내 버스 운영체제의 문제점을 파악하고 향후 국내 버스운영체제의 방향을 제시할 수 있을 것으로 기대된다.

목 차

1. 서 론 / 1

1.1 지침서의 개요 / 1
1.2 도시 대중교통체계의 개발수준 비교 / 3
1.3 본 지침의 초점 / 6

2. 대중교통체계의 구성요소 / 7

2.1 도시교통 정책과 수행전략 / 7
2.2 효율적인 계획수립능력의 확보 / 7
2.3 도시 여건에 맞는 대중교통산업의구조와 구성 / 8
2.4 적절한 운영체제 선정 / 8
2.5 효율적인 계획과 관리를 위한 행정조직 확보 / 9

3. 대중교통 정책 / 11

3.1 정책의 범위와 내용 / 11
3.2 대중교통체계 구축전략 / 13

4. 대중교통계획의 수립절차 / 15

4.1 산업구조 / 15
4.2 계획수립 시 요구사항 / 19
4.3 계획수립체계 / 27
4.4 계획수립능력의 확보 / 29
4.5 계획의 결과물 / 30

목 차

5. 버스의 운영 / 31

5.1 소개 / 31
5.2 운영체제의 분류 / 32
5.3 행정당국의 역할 / 40
5.4 개발도상도시와 선진도시의 운영체제특성 / 42
5.5 경쟁입찰 이행 / 46
5.6 법적 구성요소 / 65
5.7 요금 관리 / 69

6. 결 론 / 75

□ 부 록 : 서울 및 국내 대도시 버스교통체계 개편 사례 / 81

1. 개편 배경 / 81
2. 2004년 서울시 버스체계 개편 / 91
3. 개편 결과 / 101

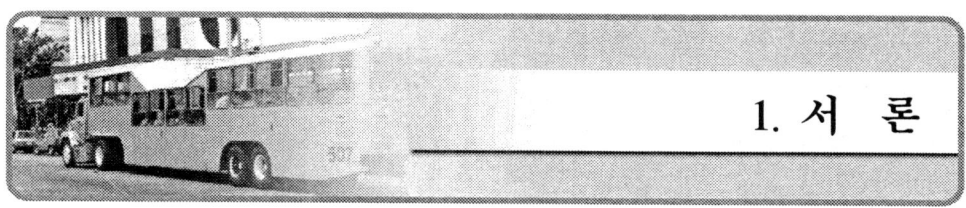

1. 서 론

1.1 지침서의 개요

본 장에서는 대중교통체계가 미흡한 대규모 도시를 대상으로 버스 운영체제와 계획에 대한지침을 제공하고자 한다. 여기서 버스란 모든 도로 상에서 정해진 구간을 일정한 간격으로 운행하며 승객에 대한 수송 서비스를 제공하는 교통수단으로, 인도네시아의 발리에서 운행되고 있는 9인승 소형버스(9-seat microbus)부터 홍콩, 다카, 뭄바이 등에서 운행되고 있는 2층 버스(12-meter double deckers), 그리고 브라질 쿠리티바에서 운행 중인 이중굴절버스(bi-articulated buses)에 이르기까지 모든 크기의 버스를 포함한다. 버스운송사업은 비체계적인 조직의 소규모 개인버스(인도네시아, 파키스탄, 방글라데시, 필리핀), 민간소유의 대규모 버스(싱가포르, 홍콩) 그리고 공공에서 소유권을 가지고 운영하는 공영버스(중국, 인도네시아, 방콕)에 이르는 광범위한 사업형태를 의미한다.

일반적으로 도시 내 버스체계나 운영수준은 도시 및 국가의 경제개발 수준을 반영한다. 하지만 브라질의 쿠리티바나 콜롬비아의 보고타 같은 도시는 예외적인 경우로 버스 체계가 소득 수준이 비슷한 다른 국가들의 여타 도시들보다 훨씬 더 발전된 경우가 있는 반면에 말레이시아 쿠알라룸푸르의 버스 체계와 서비스 수준은 도시의 일반적인 개발 수준보다 낮은 경우도 있다.

<그림 1>
카이로의 보조교통수단, 하바나의 까멜리오스, Surabaya의 소형버스, 방콕의 굴절버스로부터 270명의 승객을 태울 수 있는 쿠리티바의 굴절버스

이러한 버스 서비스수준 차이는 여러 가지 이유가 있다. 싱가포르, 홍콩, 쿠리티바와 같이 버스가 효율적인 도시의 경우 행정당국이 일관성있게 대중교통 서비스 개선을 위한 장기적인 개발정책을 추진하는 것이 가장 두드러진 이유라 할 수 있다. 이러한 도시들에서 시행하는 대표적인 대중교통 서비스 개선 정책들은 토지이용변화(land use controls)와 대중교통 지향형 개발(transit- oriented development)을 위한 인센티브 부여 그리고 승용차이용억제를 위한 교통수요관리정책(transport demand management) 등을 함께 시행한다는 것이다. 이 도시들의 일관된 정책은 대중교통 육성에 대한 지방정부와 중앙정부의 의지를 반영한다고 할 수 있다.

1.2 도시 대중교통체계의 개발수준 비교

도시 대중교통 체계의 개발수준은 다양한 항목에 대해 측정될 수 있다. 다음은 대중교통 체계를 간단히 '나쁨(lower)'과 '좋음(higher)'으로 분류하는 기준이다.

- 일관성 있는 정책체계(policy framework)가 존재하는가?
- 대중교통 체계가 수요 증가에 효율적으로 대응해 왔는가? 그렇지 못하다면 수요 증가가 대중교통수단외에 보조교통수단(paratransit)에 의해 충족되었는가?
- 공공 보조금(subsidies) 체계가 존재하는가?

이 세 기준은 다음과 같이 다시 설명될 수 있다.
- 정부가 대중교통 이용자가 원하는 다양한 사례에 대하여 일관성 있게 대응할 수 있는 도시 교통관리기법을 갖추고 있는가?
- 정부가 대중교통 서비스를 효과적으로 계획하고 관리할 수 있는 행정적, 기술적 능력을 갖고 있는가?

■ 대중교통 운영자가 비용을 감당할 수 있는 수준의 요금을 유지하거나 승용차 이용 억제와 같이 어려운 결정을 내릴 정치적인 의지가 있는가?

◯ 대중교통 정책과 운영체계(Policy and regulatory framework)

대중교통에 대한 지속적인 지원정책, 다양한 교통수단의 효율적 연계체계, 적정한 요금정책 등은 선진 대중교통 체계의 특징이라 할 수 있으며, 이러한 정책을 이행하고 지속적으로 추진하는 것 역시 중요하다. 일반적으로 선진 대중교통 체계는 공영, 민영 혹은 혼합 운영체계로 유지되고 있다.

◯ 보조교통수단(Paratransit)

보조교통수단은 택시 등과 같이 정해진 노선 없이 운행되는 대중교통수단의 일부분이긴 하지만 비공식적인 교통수단을 의미한다. 이는 작은 규모나 개인 소유의 차량으로 운영되거나 하루 단위로 불법적으로 운전자에게 대여되는 차량 등을 포함한다. 보조교통수단은 일반적으로 공식적인 대중교통이 감당할 수 없는 수요를 채우기 위해 자연적으로 발전한다. 예를 들어, 국내의 대리운전이나 방콕에 있는 5,000 대의 '출퇴근 밴(commuter vans)', 부에노스아이레스의 수천 대의 비공식 전세차량 그리고 홍콩의 마을버스(public light bus)들이다. 보조교통수단은 공식적인 대중교통 체계가 없을 때 발전하기 때문에 도시에서 운행되는 많은 보조교통수단들은 통상 공식적인 대중교통체계의 부족을 의미한다. 또한 보조교통수단들은 대중교통체계를 효율적으로 관리할 수 있는 법적, 행정적 규제가 미비함을 나타내기도 한다. 일반적으로 개발도상국의 도시 버스 체계는 보조교통수단이 대부분을 차지하며 경제적 여건이 상승함에 따라 전체 대중교통 분야에서 보조교통수단이 차지하는 비중은 줄어든다.

공공 보조금(Formal subsidy)

공공 보조금은 기본적으로 도시 대중교통체계에 대한 사회, 경제적 중요성에 대한 인식을 바탕으로 한다. 또한 효율적인 보조금집행을 위해서는 상당한 수준의 교통행정과 분석능력 그리고 정확한 대중교통 자료를 요구하기 때문에 보조금 존재 여부는 도시 대중교통 수준을 나타낸다고 할 수 있다. 대중교통에 대한 보조금은 공적 자금에서 지출되기 때문에 교통행정가들과 운영자들은 이에 대한 도덕적, 행정적 책임이 있다. 하지만 일반적으로 대중교통 서비스의 부족보다 대중교통에 대한 보조금의 증가가 정치적으로 보다 중요한 문제가 되는 경우가 많다.

많은 개발 도상 도시들이 보조금의 부족으로 인한 문제를 내포하고 있는 공영버스 회사를 가지고 있다. 사실 이런 상황은 시민에 대한 대중교통 서비스의 제공이라는 목적 달성과 버스서비스 유지비용의 확보라는 목적이 동시에 달성하기 어려운 상황을 반영하는 것으로 효율적이지 못한 대중교통체계 내에서 흔히 발생하는 문제이다. 하지만 많은 개발도상국의 도시들에서 보조금 없이 대중교통체계가 유지되고 있으며 또한 쿠리티바와 보고타 같은 선진 대중교통체계 역시 보조금 없이 운행되고 있다.

위에서 제시한 세 가지 기준을 적용하여 본다면, 동남아시아, 남아메리카(일부 도시 제외), 아프리카의 대부분의 도시들이 비효율적인 버스교통체계로 분류될 수 있다. 유럽, 북미와 호주의 모든 선진 도시들은 위 제시된 세 가지 기준에 적용되지 않아 선진 버스교통체계로 구분된다. 방콕과 같이 철도대중교통시스템(mass transit railway)이 운행 중인 도시도 위의 정의에 따르면 개발이 미흡한 버스교통체계로 분류될 수 있다. 홍콩과 싱가포르는 아마도 1970년대 중반부터 선진 교통체계로 진입했다고 판단된다.

1.3 본 지침의 초점

본 지침의 목적은 비효율적인 버스교통체계를 갖고 있는 도시들에게 버스 운영체계와 계획을 위한 '원칙(principles)'과 '과정(procedures)'을 설명하는 것이다. 무엇보다 다음 사항들이 가장 필수적이다.

- 일관성 있는 정책 기조 유지에 대한 필요성과 중요성을 인식한다.
- 체계적인 대중교통 계획과 운영에 대한 기반을 확보한다.
- 수립된 기반 하에서 정책들이 진행되고, 인력자원(human resources)과 재정자원(financial resources)이 지속적으로 투입되며 경험이 축적되어 버스교통체계가 지속적으로 발전해 나가는 단계들을 확인한다.

효과적인 대중교통 관리는 다음의 네 가지를 바탕으로 한다.

1) '일관성 있는 정책(coherent policy)'과 전략의 이행
2) 경쟁과 적절한 규제에 기반한 '대중교통 산업 구조(structure of the public transport industry)'
3) 의무와 인센티브를 적절히 부여할 수 있는 행정력의 '법적 기초(regulatory framework)'
4) 버스교통망에 대한 계획을 수립하고 관리하며 지속적인 발전을 유도할 수 있는 충분한 능력과 독립성을 갖는 '행정조직(regulatory institutions)'

본 지침에서는 다양한 형태의 버스운영체계와 이에 따른 버스 서비스 관리의 주요 원칙과 절차를 제시하고자 한다. 특히, 운영체제 및 관리계획과 성과평가 절차에 대해 구체적으로 언급하고자 한다.

2. 대중교통체제의 구성요소

대중교통체계를 구성하기 위해서는 다음 5가지 단계를 거쳐야 한다.

2.1 도시교통 정책과 수행전략

도시교통정책을 수립함에 있어 무엇보다 가장 기본적인 단계는 대중교통수단과 개인교통수단에 대한 원칙(principles), 목적(objectives) 그리고 우선순위(priorities)를 결정하는 것이다. 여기서, 개인교통수단에는 보행자(pedestrians)와 녹색교통수단(non-motorised vehicles)을 포함한다. 대중교통육성정책은 대중교통 지향형 토지이용정책과 승용차 이용을 억제하는 수요관리정책 등 여러 정책들이 동시에 시행될 경우 보다 효과적일 수 있다.

2.2 효율적인 계획수립능력의 확보

행정당국(city government)이 장기적 관점에서 정책목표를 달성하기 위해 대중교통체계를 관리하고, 추세를 예측하기 위한 자료들을 분석하며 효과적인 평가체계를 구축할 수 있는 능력(capability)을 갖추어야 한다.

2.3 도시 여건에 맞는 대중교통산업의 구조와 구성

산업의 구성이란 차량 대수, 차량의 크기 및 차종, 사업 형태, 그리고 공공 또는 민간이 운영하는지 등을 의미한다. 많은 경우에 산업의 구성은 쉽게 바뀌지 않는다. 일반적으로 효과적인 운영체제의 전제 조건은 각 노선 단위에서 다양한 개인, 또는 업체들에게 분산되어 있는 소유권(fragmented ownership)을 하나의 체계적인 소유형태로 통합되어야만 한다는 것이다.

2.4 적절한 운영체제 선정

운영체제는 행정당국과 운영자의 권한(powers)과 의무(duties), 그리고 자율영역(freedoms)을 정하는 것이다. 규제와 인센티브의 적절한 조합은 대중교통 산업이 정부 정책이나 계획과 일치하도록 하는데 있어 매우 효과적이다. ('규제 수준 설정' 참조)

규제 수준 설정

대중교통 운영자가 서비스 목표를 달성하기 위해 어느 정도의 규제가 필요한지는 다음 요소들에 의해 결정된다.

- ■ 산업의 구성(composition of industry):
  - 누구를 규제할 것인가?
  - 얼마나 많은 차량이나 노선을 규제할 것인가?
  - 공공 혹은 개인 소유로 할 것인가?
  - 그들에게 제공될 수 있는 인센티브는 무엇인가?
  - 정책이 그들의 관심(또는 이익)과 일치하는가?
  - 저항이 있는가?
  - 높은 수준의 모니터링과 규제가 필요한가?
- ■ 규제의 범위와 수준(scope and depth of regulation)
  - 어떤 요소(운행경로, 요금, 배차계획, 차량의 크기 및 대수, 기타 변수들)들을 규제할 것인가?
  - 규제 규정이 얼마나 구체적인가?
  - 모든 변수들이 상세히 규정되어 있는가? 혹은 운영자들의 자율영역이 정해져 있는가?

Source: Dorsch Consult 1999

2.5 효율적인 계획과 관리를 위한 행정조직 확보

  효율적으로 계획을 수립하고 관리할 수 있는 능력을 가지고 있는 행정조직이 우선적으로 확보되어야 한다. 버스 산업의 구성이 너무 복잡하거나 조직이 산업 구조와 정책 목적 달성에 적절하지 않아 계획 수립 및 관리 능력이 미흡한 많은 기관들의 예가 있다. 일부 도시에서는 예전부터 지속되어온 행정조직 체계가 더 이상 현재의 산업 구조를 관리하는 데 효과적이지 못한 경우도 있는데 이런 상황에서 행정주체는 기존의 행정조직 및 제도를 부분적으로 혹은 선택적으로 적용하게 되며 결과적으로 관료주의적(bureaucratic) 행정규제나 행정공백(regulatory vacuum)이 발생하게 된다. 위에서 제시한 효율적 대중교통체계 구성의 5단계는 다음 제3장에서 상세히 검토한다.

> "대중교통체계의 단점들은 일련의 단편적인 정책들로 해결되지 않으며 또한 시설에 대한 투자로도 해결되지 않는다. 그보다는 승용차 교통 수요를 억제하고 관리하는 정책들과 함께 대중교통 조직의 개편과 효율적인 운영체계가 필요하다."
> *Source: Dorsch Consult, BUIP, 1999*

<표 1> 적절한 규제 수준 설정을 위한 전략

목 적	전 략
협의 대상 축소	다수의 개인 운송사업자들을 협의 대상으로 하기보다 소수의 대표조직체(사업자연합)와 협의한다.
규제범위 및 수준의 축소	상세한 운영 요소에 대한 규제보다 전략적인 계획 수립과 방향설정을 위한 정책에 집중되어야 한다. 노선과 운영에 관한 내부적인 조정은 관련 조직에 일임한다. 수요에 맞추어 서비스를 변화시킬 수 있는 자율성을 일정 한도 내에서 운영관련 조직에 부여한다.
규제의 단순화	규제 차량과 노선의 종류를 간략화한다. 중복되는 규제는 없앤다. 입찰에 의해 최선의 운영자를 선택한다. (입찰과정을 거칠 경우 추가적인 규제가 줄어들 수 있다)

3. 대중교통 정책

3.1 정책의 범위와 내용

제한된 자원의 사용이 가능한 현실 상황에서 일관성있고 실효성있는 대중교통 정책을 계획하고 적용하며 유지하는 것은, 버스 운영체제 유지와 계획 수립의 기본이라 할 수 있다. 대중교통 정책은 사회적, 경제적, 환경 친화적인 토지 사용 등의 목적을 포함하는 광범위한 도시 개발 정책들의 중 한 요소이다.

한 국가 내 여러 도시들의 대중교통 정책은 국가 법률에 의해 정해진 일관성 있는 원칙에 기초한다. 따라서 도시 대중교통체계를 위한 국가 정책이 기본적으로 존재해야 하며 이 정책은 국가적 교통체계의 목적, 전략, 우선순위와 시책들을 제시하여야 한다. 물론 한 도시의 대중교통 정책이 다른 도시의 정책과 현저히 다른 사례도 있을 수 있다(예를 들어 브라질 쿠리티바의 토지 교통 통합정책은 상파울루의 정책과 다르다). 30년 이상 성공적인 대중교통 체계를 발전시키고 있는 싱가포르와 홍콩의 세 가지 대중교통 정책 원칙은 거대 인구밀집 도시들의 대중교통 정책 수립에 참고가 될 수 있다.

- 교통기반시설(transport infrastructure)을 개발한다.
- 대중교통체계(transport system)를 개선한다.
- 도로상의 교통수요(demand for road use)를 관리한다.

일부 국가의 경우 수도권의 경제적인 집중과 과도한 크기로 인해 대형버스의 운행, 도시철도의 건설, 승용차의 통행제한 등 다양한 교통정책들이 필요하다.

대중교통정책은 다음 주요 문제들을 해결해야 한다.

- 승용차와 대중교통 수단 간의 장래 수단분담율 설정, 그리고 대중교통 이용을 장려할 수 있는 투자, 재정 및 도로 관리 정책의 범위
- 대중교통체계 개선을 위한 장려방안으로 시장에 대한 규제 범위
- 요금이 저소득층(lower-income groups) 혹은 약자들(disadvantaged groups)의 여건을 고려하여 적용되고 있는지, 보조금에 의해 적절한 요금수준이 유지되고 있는지, 그리고 이러한 요금 및 재정보조체계의 효율성과 합리성이 유지되고 있는지 여부

> "제한된 자원 하에서 일관성 있고 실질적인 대중교통 정책은 버스 운영체제와 계획 수립의 기본이다."

도시 교통정책은 관련 기관과 지역 사회의 폭넓은 의견 수렴이 필요하다. 의견 수렴 결과에 따라 필요할 경우 정책은 수정되어야 하고 주기적으로 (2~3년) 공표되어야 하는데 여론 수렴 절차는 정책에 대한 반대 여론들을 극복하여 행정기관의 권위가 강화되는 효과를 가져 오기도 한다. 특히 많은 교통 문제들 중에서 교통약자와 같은 소수계층(minority)들의 편익 또한 전반적인 지역사회 이익과 함께 검토되어야 한다.

3.2 대중교통체계 구축전략

정책목적은 전략에 의해 실행될 수 있다. 즉, 전략은 정책을 이행하기 위한 수단으로 목표와 일정이 필요하다. 대중교통체계가 발전 중인 도시들의 경우 다음과 같은 전략을 포함할 수 있다.

- 상업시설, 공원, 보행자, 대중교통 차량, 정류장, 주차차량, 이동차량들의 경쟁적인 도로 공간 할당 요구 시 우선순위 설정
- 버스 평균 속도를 15-18km/시까지 올리기 위해 버스에 대해 우선권을 부여하는 등 도로용량관리 및 단속 방법 선정
- 효율적인 정책과 계획 이행을 위한 행정기관 설립
- 비공식적인 보조교통수단의 운행노선 제한(지선노선에 한정)을 통한 보조 교통수단의 역할 감소하고 분리된 대중교통산업의 소유권 통합, 통합 운영기구 설립 등을 추진
- 적절한 행정권한을 갖기 위한 도로 교통관련 법률(transport legislation) 및 인허가체계(licensing system) 개정
- 대중교통수단이 전체 도시에 대해 안전하고 적절하게 서비스를 제공하고 있는 것과 이러한 서비스의 품질(에어컨, 좌석 등)이 최고로 유지되고 있다는 보장 제시
- 버스 정류장 및 터미널 그리고 회차시설(turn around facilities) 등 적절한 버스 기반시설 공급 보장
- 버스 정거장이나 터미널에 대한 보행 접근로에 대한 우선권 부여

제시된 목표치들의 달성은 버스체계의 현재 상태와 효율성에 따라 좌우된다. 버스체계의 성능(performance)은 다음과 같은 기준에 의해 측정될 수 있다.

- 비슷한 여건 하의 다른 도시와 비교
- 객관적인 성과 기준
- 사용자들의 불만이나 제언, 그리고 대중교통 이용자 및 잠재적 이용자에 대한 객관적인 조사 결과

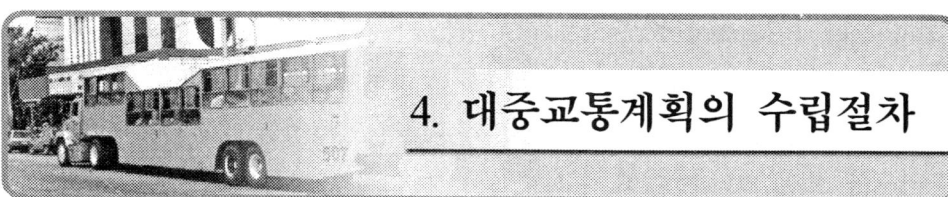

4. 대중교통계획의 수립절차

일반적으로 교통체계에서는 행정당국이 운행계획을 수립하고, 운영자는 이러한 지시와 시장 여건을 반영하여 계획을 실행하게 된다. 규제되지 않는 교통체계의 경우 당국은 구체적인 운영계획을 수립하지 않지만 승객수요와 서비스수준을 모니터링하게 된다. 만약 노선이나 서비스가 운영자에 의해 적절히 공급되지 않으면 행정당국이 개입(intervene)을 하게 되는 것이다. 이 장은 계획 수립 절차의 세 가지 기본 요소인 투입물(inputs), 절차(process) 그리고 산출물(outputs)을 설명한다.

4.1 산업구조

버스노선과 서비스계획의 수립은 많은 자원을 요구하거나 복잡하지는 않지만 체계적(systematic)이고 현실적(realistic)이어야 한다. 대중교통이 미비한 많은 도시들의 경우 기본적인 전문기술이 미흡하고 운영자에게 서비스 변경을 제시하는 것은 심한 제재라고 인식하기 때문에 간단한 계획 수립 절차도 수행되지 않는 경우가 많다.

시내버스가 소수의 대규모 운영자(a few large-scale operators)에 의해 운영되는 경우, 특히 운영자들이 구역권(district franchises)이나 영향권역

(zones of influence)을 갖고 있고, 버스운영체제가 그 지역 내에 적절한 서비스 제공이라는 책임감을 운영자들에게 부여한다면, 서비스나 운영 계획 수립 책임은 운영자에게 주어질 수 있다. 이 경우 행정당국은 수요변화 예측, 운영구역 조정 그리고 장래 수요를 충족시킬 계약 항목선정 등과 같은 전략계획 수립 기능을 갖게 된다.

시내버스가 많은 소규모 운영자(many small-scale operators)들에 의해 운영되는 경우, 특히 다수의 운영자가 노선을 공유할 때는 운영자가 계획을 수립하는 것이 용이하지 않다. 이런 경우, 행정 당국은 노선과 배차간격, 운영시간과 요금 등 기본적인 사항을 정해야만 하며 또한 운영자가 새로운 수요에 대응하여 신규 노선을 운행하거나 기존 노선을 바꿀 수 있는 장려방안이나 행정 수단이 필요하다. 후에 설명하겠지만, 이런 방안들의 실제 이행은 매우 어려운 일이다.

소규모 및 대규모 운영자들이 혼합된 운영체계의 경우 행정 당국은 소규모 운영자들의 노선계획을 맡고 대규모 운영자들(민영, 공영에 상관없이)은 자신들의 계획을 수립하고 행정당국의 승인을 받아야 한다. 당국은 이러한 업무 구분을 통해 체계 전체의 목표가 충족되고 모든 문제점들이 해결될 수 있는지 검토해야 한다.

시내버스가 독점 운영자(monopoly operator)에 의해 운영될 경우 운영자는 운영 체계와 계획, 그리고 문제점들을 행정당국에 제출한다. 독점운영은 효율성이 낮고 수요에 대한 적극적인 반응이 약하다는 단점이 있으며 운영의 사회적 의무(social obligations)와 요금 수준을 제한하기가 어렵다. 또한 다른 운영자로의 교체 가능성도 낮고 다른 운영자와의 효율성 비교도 힘들다.

계획 수립 기간

버스 운영계획의 수립은 순환적(cyclical)이고 점진적(incremental)인 과정이다. 순환적 계획 수립단계는 〈그림 2〉에 나와 있다. 순환단계는 계획 능력이 충분하거나 교통 체계가 빨리 변화하는 경우 매년 반복될 수도 있으나 교통체계가 안정되거나 능력이 한정되면 2년에 1회로도 충분하다. 교통전문가가 충분하지 않고 수많은 이해관계 집단이 있는 도시에서는 도시교통 체계를 획기적으로 개편하는 것이 쉽지 않으므로 점진적인 개선이 현실적인 방안이라 할 수 있다.

계획수립기간(horizon for planning)은 다음과 같아야 한다.

- 정거장이나 터미널과 같이 새로운 기반 시설이 필요한 신개발 지역에 대한 대중교통 서비스 확충은 2~3년 정도의 기간이 소요된다. 이 경우 대중교통 기반시설의 필요성이 우선적으로 인식되어야 하고 토지 이용 계획 수립과 동시에 이루어지는 것이 중요하다. 일반적으로 토지확보(land acquisition)와 버스차고지(bus depot) 신축에는 2년 이상의 기간이 요구된다.
- 많은 수의 대형버스 구입과 자금 지원 혹은 노선 입찰 절차가 요구되는 노선체계의 변화는 2년, 새로운 버스 공급에는 1년 이상 걸린다.
- 노선체계가 작고 많은 소규모의 운영자가 일반적인 차량으로 운영하는 경우 계획은 6개월에서 1년이면 충분하다.

각각의 계획에서 연간계획은 기본적으로 포함되어야 하며 이용자와 이해관계자(stakeholders)들의 의견수렴 역시 계획수립의 한 부분으로 포함되어야 한다.

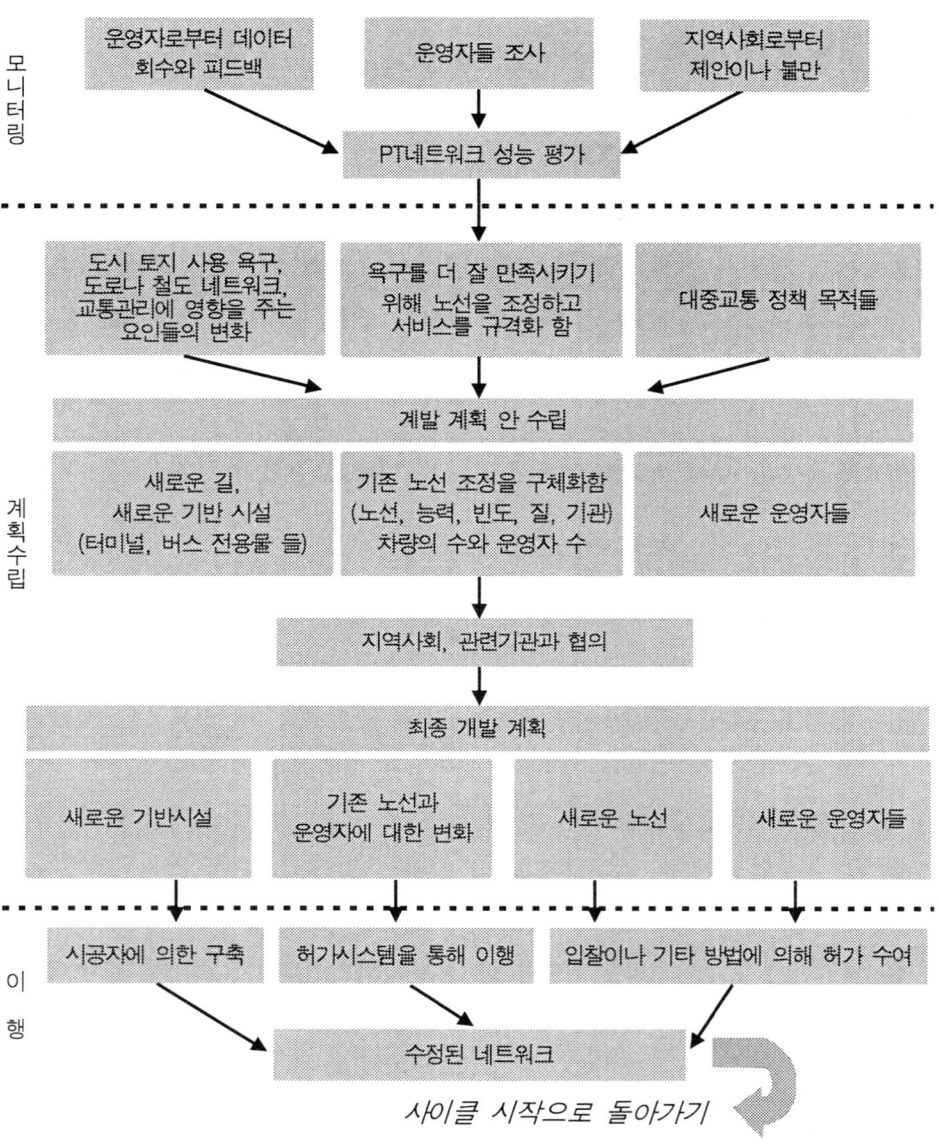

<그림 2> 계획절차

4.2 계획수립 시 요구사항

계획수립의 일반적인 목적은 대중교통에 대한 실제, 그리고 잠재적 수요가 얼마나 충족되고 있는가를 파악하고 시설과 수요간의 격차를 줄이는 것이다. 이러한 관점에서 다음 두 가지의 요소가 중요하다.

- 어떤 서비스가 제공되고 있는지를 평가하는 것
- 수요 또는 정책목적을 충족시키기 위해 필요한 서비스 종류의 결정

계획수립 시 요구되는 사항은 다음과 같다.

- 정책 목적
- 체계적인 효율성평가 프로그램과 사용자 만족도 조사에서 도출된 다양한 지표로 평가된 기존 교통체계의 상태와 효율성
- 운영기반시설의 변화: 신규도로건설, 터미널, 교통관리체계, 교통속도 변화, 버스우선체계 등
- 시장 요인들: 대중교통수요, 인구분포, 신규주택건설, 토지이용, 자동차 소유비율, 연료비용, 주차관리체계와 비용, 경쟁 교통수단의 요금이나 용량 등 다양한 교통관련 지표들의 예측
- 소득 수준: 빠른 경제 성장 과정에서 대중교통수단이 안락과 편리함에 대한 이용자들의 욕구를 만족시키지 못할 경우, 사람들은 승용차를 소유하게 된다. 교통수단에 대한 이용 수요는 다양한 수준의 요금과 서비스 수준에 대한 요구가 발생하는 초기 단계부터 차별적으로 반응하기 시작하므로 적절히 대처해 나가야 한다.
- 법적, 제도적 여건

계획수립과정은 순차적으로 지속되어야 하므로 교통체계의 상태와 효율성 관련 지표들은 지속적으로 수집되고 평가되어야 한다. 평가지표는 용량과 서비스 질에 대한 만족 수준과 같은 정량적(quantitative)인 성과지표들 뿐 만 아니라 정성적(qualitative)인성과 지표들도 포함되어야 한다. 평가지표들은 아래에서 구체적으로 기술한다.

4.2.1 성능 평가지표

버스 운영을 위해 투입된 자원들은 가장 생산적이고 효율적으로 사용되어야 하며 이를 위해 버스 운영성과와 현재 이용자들에게 제공되고 있는 서비스를 평가할 필요가 있다. 적절하게 선택된 성능 평가지표는 버스 서비스 문제점을 잘 보여주며 개선이 필요한 부분을 제시하고 개선방안들을 제공할 수 있다. 평가지표는 운영자가 제공하는 자료에 너무 의존하지 말고 일반적으로 쉽게 얻을 수 있는 자료에 기초하여야 한다. 다음과 같은 핵심적인 성능 평가지표가 추천된다(지표들 중 일부는 World Bank Technical Paper NO.68 Bus Services-Raising Standard and Lowering Cost에서 제시한 것들이다).

◯ 수송 승객 수(Passenger volumes)

생산성(productivity) 기본지표는 용량과 이에 바탕을 둔 수송승객 수이다. 이는 일반적으로 운행버스 1대당 일일 평균 수송객 수로 표현된다. 이 지표는 노선망, 운영자 혹은 서비스 수준을 평가하기 위해 사용될 수 있다. 많은 승객을 갖고 있으며 효율적으로 관리되는 버스회사에서는 최대 승차 인원 80명 일반시내버스로는 1,000passengers/bus/day의 승객을 운송해야 한다. 홍콩의 대규모 버스 운영사인 KMB와 City bus는 2003년에 버스 한 대 당 1일 780명과 700명의 승객을 수송했다. 홍콩의 16석 미니버스(minibuses)는 일일 약 500명을 수송했고, 이에 반해 1999년 인도네시아 발리의 9석 버스의 경우 1일 평균 수송객 수는 70명이었다.

그 외 다른 생산성 측정 방법은 다음과 같다:
- 운행 당 승객 수
- 차량 1대당 1일 평균 왕복 운행 수

◯ 차량 운행비율(Fleet utilization)

 차량의 운행비율은 차량의 확보, 유지보수 및 직원들의 효율성을 나타낸다. 효율적으로 운영되는 버스회사의 경우 80~85%정도의 차량 운행비율을 보인다. 대중교통체계의 발달이 미흡한 많은 도시에서 개인이나 작은 그룹이 대중교통을 소유하고 있는데 대부분이 소유자이면서 동시에 운전자들이다. 정치적인 압력과 관리체계의 미비로 인해 허가된 차량 수가 승객 수요에 비해 너무 과다한 경우도 있고 심지어 무면허 차량(unlicensed vehicles)이 운행되기도 한다. 차량 수 과다의 결과로써 차량들은 승객들을 태우기 위해 터미널에서 장시간 대기하는 현상이 벌어진다.

◯ 차량 운행거리(Vehicle kilometers)

 생산성의 또 다른 지표는 버스 총 운행거리인데 통상 운행 버스 당 일일 평균 km로 표현된다. 합리적으로 운행되는 버스는 210~260 km/bus/day 정도여야 한다. 대당 노선 길이와 왕복 운행 횟수 또한 관측되어야 하는데 일반적으로 긴 노선은 교통 혼잡에 따른 지연에 의해 운행여건이 불안정하고 이러한 불안정성은 또한 운행스케줄작성에 있어서 제약요인이 된다.

◯ 운행 중 차량 고장비율(Breakdowns in service)

 운행 중 서비스 중단 비율은 차량의 형식과 노후화 정도, 유지보수 및 운전 수준을 나타낸다. 합리적으로 잘 유지 보수된 차량들의 경우 이 비율은 1일 운행되는 버스의 8~10% 이하여야 한다. 현대적이고 잘 유지 보수된 차량을 갖고 있는 운영자는 매우 높은 수준의 신뢰도를 가질 수 있는데 홍콩의 최대 버스 운행사인 KMB는 2003년에 서비스 평균중단 횟수는 2,759운행 당 1회라고 발표했다.

◯ 연료 소모량(Fuel consumption)

연료 소모량은 차량의 크기와 적재량(load of vehicles), 연료와 엔진 종류 그리고 노선상태에 따르며 또한 유지보수 상태와 운전 기술도 중요한 영향을 준다. 적절하게 운행되는 미니버스의 경우 연료 소모는 100km 당 20-25ℓ 이어야 한다.

인도네시아 발리 미니버스(minibus)의 낮은 생산성

차량이 터미널에서 대기하는 시간은 차량 생산성에 커다란 영향을 끼친다. 발리 Denpasar에서, 대부분의 미니버스가 일일 약 4번 왕복 운행으로 60~80km 만을 운행한 것으로 나타났다. 각 차량은 평균적으로 일일 5시간을 운행했고 5시간은 터미널에서 대기한 것으로 조사되었다.

Source: BUIP Public Transport Study. Final Report. Dorsch Consult, 1999

◯ 차량 대당 직원 비율(Staff ratio)

버스 한 대당 기사, 행정, 유지보수 직원 숫자는 운영회사 차원에서 중요한 효율성 지표로 1대당 4명 이하라면 효율적이라고 할 수 있다.

◯ 사고(Accidents)

사고율은 운전 상태와 유지보수 상태에 대한 효과적인 지표로서 교통 상황, 특히 보행자 수에 크게 영향을 받는다. 따라서 같은 지역에서 운행되는 다른 차량들과 비교, 분석이 이루어져야 한다. 일반적인 조건에서 잘 관리되는 버스회사의 경우 1.5~3.0회/100,000bus-km 정도로 사고 횟수가 나타나고 있다. 많은 나라에서 신뢰성이 있는 사고보고와 분석 그리고 공개 절차가 없기 때문에 특별한 조사 없이 사고율을 산정하는 것은 매우 어렵다. 홍콩 KMB의 경우 2003년에 270만 km 당 1건의 부상 사고로 보고한 바 있다.

◯ 비수익 운행거리(Dead Kilometers)

비수익 운행거리는 승객 수입 없이 차량이 운행되는 것을 의미하는데 주로 버스가 터미널, 정차장, 차고지 사이를 운행할 때를 말한다.

◯ 운행 비용(Operating cost)

버스 운행 비용은 주로 인건비와 연료비에 의존하지만 운행 효율, 관리 효율, 교통과 도로 조건에도 크게 영향을 받는다. 2003년 스리랑카에서 기본적인 버스의 운영비용은 감가삼각을 포함해서 km 당약 LKR 47(USD 0.46)이었다. 홍콩 KMB은 평균 차 수명 7.4년의 대형 이층버스가 2003년 km당 15.03 HK$(US$ 1.94)였다. 가장 적절한 차량 형태와 용량의 선택은 대중교통 계획 수립에 있어서 중요한 요소이며 비용을 최적화하기 위해서는 각 노선 별로 분석이 필요하다.

◯ 수입/비용 비율(Operating ratio)

버스 운영에 따른 총 수입은 비용에 대한 회수 및 투자와 성장을 위한 충분한 이윤이 포함되어야 한다. 수입/비용 비율은 감가삼각을 포함한 운영비용으로 나누어진 총 수입으로 정의되며 약 1.05~1.08 범위여야 한다. 개인 혹은 소규모 운영자들의 비중이 큰 도시에서는 흔히 운전자가 일일 단위로 차량을 대여하는데 소유자는 자기가 투자한 비용에 따라 규칙적인 고정 수입을 받게 된다. 운전자는 차량 대여 비용, 연료비와 자기 수입을 위해 최대한 승객을 태워야 한다. 이런 운영체계하에서 운전자는 과속 및 난폭 운전을 하려하고 수입을 늘리려는 부담을 가지며 또한 수요가 적은 시간대와 장소에서도 운행하려 한다. 이 경우 소유자나 운전자 모두 버스 서비스에 대한 총괄적인 책임이 없으므로, 서비스 질과 안전에 심각한 문제가 발생한다. 이 경우 소유자는 총 수입을 알 수 없으므로 실질적인 수입/비용비율을 평가할 수 없다.

4.2.2 서비스 지표

이용자들이 받아들일 수 있는 서비스수준은 나라마다 다르며 또한 소득수준, 시간가치, 지질학적 조건, 기상조건, 대체수단의 가용성, 관습, 이용자들의 태도와 인종특성에 따라 크게 영향을 받는다.

전 세계적으로 수행된 교통 서비스에 관한 여러 시장조사에 따르면 대중교통 이용자들은 서비스빈도(service frequency)와 여행속도(journey speed)에 대한 신뢰도를 가장 중요한 교통 서비스 기준으로 삼는다. 반면 정부는 가급적 대중교통요금을 낮게 유지하는데 노력을 기울인다. 비록 전 세계적으로 적용될 수 있는 표준화된 서비스지표는 없지만 일반적으로 사용될 수 있는 평가지표를 정리해 보면 다음과 같다.

◯ 승객 대기시간(Waiting time)

버스 대기시간은 전체적인 서비스수준 평가에서 가장 중요한 요인으로 작용한다. 일반적으로 버스 대기 시간은 최대 10~20분, 평균 5~10분 이어야 한다. 평균값은 고빈도(high frequency services)의 단거리구간(short journeys)에 적용되고, 최대값은 저빈도(low frequency services)의 장거리구간(long journeys)에 적용된다. 느슨하게 구성된 보조교통수단 체계(loosely organized paratransit services)를 규칙적인 서비스를 제공하는 정규 대중교통체계로 전환하는 것은 보조교통수단 체계에서 흔히 발생하는 대기시간의 증가를 줄일 뿐만 아니라 평균대기 시간도 줄일 수가 있다. 승객 대기시간은 직접 측정할 필요는 없고 다음 사항들을 조사하여 산정될 수 있다.

- 평균 대기시간을 산정하기 위한 실제 차량의 배차간격
- 노선 별 수요 및 용량비교를 통한 대기시간

정류장까지 도보 거리(Walking distance to bus route)

버스 정류장까지 도보 접근 시간은 버스 서비스가 제공되는 범위에 대한 지표라 할 수 있다. 버스 노선이 잘 구축된 도시 지역의 경우 일반적으로 이용자는 버스를 타기 위해 직장이나 집에서 300~500m 이내로 걷는다. 저밀도지역(low-density areas)의 경우 500m 이상도 가능하지만 도보거리가 최대 1km를 넘으면 안 된다.

통행시간(Journey time)

대도시의 경우 출퇴근을 위한 이용자의 하루 소요 시간이 door-to-door로 2~3시간 이상이어서는 안 되며, 상대적으로 규모가 작은 도시에서는 이보다 적어야 한다. 버스의 평균속도는 평균 버스 속도는 혼합된 교통수단을 갖고 있는 고밀도 밀집 지역에서 10km/시 이하로 떨어져서는 안 되고, 중간 이하의 저밀도 지역은 25km/시 정도를 유지해야 한다. 방콕의 경우 1995년 주요 교통수단에 의한 평균 아침 출근 시간의 통행시간을 비교해 보면 버스가 64분, 승용차가 55분, 오토바이가 34분으로 나타났다.

환승(Interchanges)

노선간, 그리고 교통 수단간 환승은 대기시간 및 승객의 불편을 증가시킨다. 게다가 요금 부담 또한 증가하게 된다. 일반적으로 대도시의 경우 대부분의 통근자(commuters)가 한번 정도 환승을 하며 두 번 이상 환승을 하는 경우는 10% 미만이다. 환승 횟수를 줄이기 위해서는 노선체계를 검토하고 조정해야 한다. 아무리 대중교통체계가 잘 발달되어 있다고 하더라도 환승은 이용자들에게 쓸데없는 노동과 시간 부담으로 여겨지는 경우가 많다.

통행 비용(Travel expenditure)

 일반적으로 버스의 운영신뢰도(reliability)가 서비스의 가장 중요한 기준으로 여겨지는 반면, 통행비용은 저소득층에 의해 수단 선택의 가장 중요한 기준으로 간주되고 있다. 적정한 버스 요금 수준은 소득 수준에 비례하지만 높다고 생각되는 요금 수준은 많은 사람들로 하여금 걷게 만든다. 개발 도상 국가에서 가구 당 대중교통 교통비는 전체 가계 소득의 10%를 넘지 않아야 한다.

 통행당 평균 버스 요금은 한 번 이상의 환승과 이에 따른 추가적인 요금으로 인해 증가한다. 환승 할인 요금제도나 무료 환승은 상당히 정교한 통합교통체계에서만 가능하다. 통행수요 형태를 고려한 직접연결 노선체계는 요금 수준의 안정화에 도움을 주고 또한 통행비용을 줄일 수 있을 것이다.

일반 비용

 일반 비용은 통행에 소요된 비용과 시간의 총 가치로 산정한다. 접근 시간, 대기 시간, 요금 (분 단위의 시간 가치로 환산하여), 차내 통행 시간, 최종 목적지까지 접근 시간을 포함하며, 도보시간이나 대기시간은 매력적인 시간이 아닌 것으로 간주되어 차내 통행 시간 대비 약 2배로 간주된다. 대기 시간과 환승은 통행에 있어서 불편의 증대를 의미한다. 혼잡한 지역에서 대중교통 탑승에 추가적으로 소요되는 시간이나 차내 통행 시간 증대는 혼잡도를 나타내기 위해 사용될 수 있다.

환승과 수단선택

 최근 영국의 연구 결과에 따르면 버스 사용자 5명중 한 명 만이 환승이 편리하다고 답하고 있다. 환승에 따른 시간가중치는 1회 환승에 버스 이용자는 4.5분, 철도 이용자는 8.0분, 승용차이용자는 8.6분에 해당되는 것으로 조사되었다. 효율적인 환승 체계는 버스 이용자들에게 환승에 따른 시간 가치 손실을 0.9분으로 줄일 수 있다.
  Source: Development Department Research Program Research Findings No.99 "interchange and travel choice', Institute for transport studies, Leeds University

4.3 계획수립체계

효율적인 버스 노선체계의 핵심은 시민들의 통행수요를 어느 정도 충족시켜 주어야 한다. 효과적으로 계획된 노선체계는 지역의 전반적인 경제 여건을 개선시켜 줌과 동시에 효율적인 운영에 매우 중요하다. 체계적인 노선 계획은 전체 노선체계의 효율성을 증대시킨다. 이용자들이 만족할 수 있는 배차간격을 유지하며 적절한 용량을 제공하는 것은 대중교통 수단의 경쟁력을 개선하는 핵심요소라 할 수 있다. 많은 도시들이 새로운 업무지역과 거주지가 개발되면서 통행분포가 빠르게 변하고 있다. 하지만 체계적인 대중교통계획 및 수립절차의 미비, 혹은 대중교통산업의 구조적 한계로 인해 이러한 변화에 적절하게 반응하지 못하고 있는 경우가 많다.

일반적인 도시 규모에서는 상세한 분석에 기반한 계획만이 최적의 노선망과 서비스 수준, 그리고 수요를 충족시킬 수 있는 용량을 제시할 수 있으며 보통 자료의 수집과 분석에 투입되는 기술과 자원이 커질수록, 그 노선망은 보다 비용-효과적(cost-effective)이라고 할 수 있다. 상세한 승객의 기종점 통행량 자료(passenger origin/destination data)는 노선계획 수립에 필수적이다. 방대한 양의 자료와 복잡한 계산을 통행 특성을 분석하고 대체 노선전략을 산정하는 효과적이고 유일한 방법은 노선망을 분석할 수 있는 컴퓨터와 소프트웨어 패키지를 이용하는 것이다. 이러한 패키지들은 가장 적절한서비스 형태와 용량을 정할 수 있도록 주요 희망도(desire lines)와 승객수요 예측치를 제공한다. 운영에 따른 재정효율성은 이러한 분석 자료를 활용하여 평가될 수 있으며 또한 적절한 탄력성 자료를 활용하여 다양한 요금 전략을 평가하는 것도 가능하다.

정확한 수요추정과 노선의 수익성은 경쟁 입찰제가 적용되는 노선설계 절차의 핵심이다. 또한 상황에 맞는 다양한 입찰기준 개발이 필요한데 예를 들어,

대형차량이 긴 배차 간격으로 운행하는 입찰과 소형 차량으로 많은 횟수를 운행하는 입찰은 각각 다른 입찰 기준이 적용되어야 한다.

수요특성을 제대로 파악하기 위해서는 가구통행실태조사(household surveys)가 필요하다. 하지만 조사 대상을 기존 대중교통 이용자로 제한하는 것은 잠재적 이용자를 제외시키는 것이 된다. 또한 비용과 시간이 많이 소요되는 전체 가구통행실태조사를 수행하기 보다는 신규 택지개발 지역이나 업무지역에 대해 상세조사를 선택적으로 실시하는 것도 필요하며, 가구통행실태조사에서 얻은 자료들은 다른 조사 결과에 의해 보완되어야 한다.

주기적인 교통량조사(cordon counts)는 계획 수립에 있어서 유용한 자료를 제공한다. 일시적인 교통량 조사 자료는 조사 기간 동안의 교통량을 보여주지만 주기적인 교통량 조사 자료는 일정기간 동안의 변화를 나타내므로 신규 노선에 따른 영향을 분석하는데 매우 유용하다. 조사 지점이 각 노선에서 가장 수요가 많은 지역이라면 자료의 활용성은 높아진다. 하지만 잠재 운행 노선을 파악하기 위해서는 최대 수요 지역 외 다른 지역도 조사를 해야 한다. 교통량 조사와 다른 관련 조사들은 노선체계의 효율성을 보여줄 수 있으나 승객 기종점 통행량 자료를 대체할 수는 없다.

차량탑승조사(in-vehicle surveys)는 환승 횟수와 전체 노선망의 효율을 나타낸다. 승하차 승객 수에 대한 조사는 각 노선 별 용량 대비 승객 수에 대한 전반적인 흐름을 보여줄 수 있다. 자동화된 요금지불체계(electronic ticketing systems)는 일일 단위의 승객 자료를 제공할 수 있으며, 이런 자동화된 자료 수집 체계는 계절적 특성이 자세히 파악될 수 있는 매우 중요한 자료이다.

4.4 계획수립능력의 확보

대중교통체계가 미비한 도시들의 경우 체계적으로 노선 계획을 수립할 수 있는 능력을 갖는 행정 기관이나 운영자는 거의 없다. 일반적으로 노선은 고객들의 불만, 정치적 요구, 또는 운영자들 스스로 조정 필요성을 제기하게 된다. 수요와 실제 노선 공급상의 차이는 주로 기존 노선을 연장하는 것으로 점진적으로 채워지기 때문에 노선이 신설되는 경우는 매우 드물다. 노선을 신설할 경우 도시교통 당국은 운영자에게 노선 신설을 제안해야 하는데, 운영자가 선택되는 기준은 가끔 명백하지 않고 특정 운영자들이 특별한 대우를 받는 경우도 있을 것이다. 대도시에서는 시민들의 수요를 충족시키기 위한 적절한 교통서비스를 제공하기 위해, 전문적인 기준에 의한 지속적인 노선계획 수립 절차가 필요하다.

전문적인 국제적 컨설팅 사의 노선 계획 수립 비용은 비효율적인 노선 체계에 의해 낭비되는 비용에 비하면 작다고 할 수 있다. 이런 경우 상세한 노선 검토 및 계획 수립 기술이 해당 도시에 의해 획득되어야 한다. 국제적인 컨설턴트의 지도하에 분석이 수행되는 동안, 공동으로 연구를 수행하게 되는 지역 참가자들은 해당 분야의 전문적 지식을 얻을 수 있다. 해당 지역 내 전문지식이 축적됨에 따라, 그 지역 연구소나 대학기관 같은 곳으로 관련 자료와 인적자원을 집중시킨다면 그 전문 지식은 최대한 효과적으로 사용될 수 있고 다른 도시들에 지침으로 제공될 수 있다. 하지만 많은 도시에서 대중교통 노선체계에 대한 연구와 계획이 수행되었지만, 부적절한 제도, 행정 기관의 낮은 능력, 현상유지를 원하는 기득권의 저항 등에 의해 아쉽게도 전혀 결실을 얻지 못한다.

4.5 계획의 결과물

　계획의 수립에 따른 결과물은 대중교통 운영을 위한 서비스계획 지표로, 매년마다 또는 최소한 2년에 한 번 씩은 개정해야 한다. 수립된 계획에 대해 광범위한 의견수렴이 이루어져야 한다. 공공, 지역 이해주체, 정치단체 그리고 대중교통 운영자들 모두가 주기적으로 계획 수립 절차에 참여해야 하고 새로운 노선이나 기존 노선변경에 관해 제안하도록 장려되어야 한다. 최종 계획 결과는 다음 요소를 포함한다.

- 대중교통수요의 충족 수준

- 신규노선과 기존노선의 조정 결과: 노선망, 서비스수준 그리고 수단, 운영자, 지역 및 노선 별 요금이 구체적으로 제시되어야 하며, 1년 이내의 변경 사항은 구체적으로 일시까지 표시되어야 한다. 1년 이상 기간이 소요되는 사항들은 3개월 혹은 6개월 단위로 개략적으로 기술한다.

- 또한 장래 요금인상 시기와 수준을 포함하여 각 노선 별, 구역 별 운영자들에 대한 재정실태 조사는 계획 수립의 정밀도를 높여준다.

5. 버스의 운영

5.1 소 개

5.1.1 정의

버스 운영 체제와 관련하여 다음 정의가 사용된다.

운영척도(regulatory measures)는 법률이나 행정당국에 의해 정해진 인허가 및 관리규정을 의미한다.

운영체제(regulatory framework)는 행정당국에서 정의하는 제도에서 모든 범위의 인센티브, 자율영역을 포함하는 광범위한 개념이다.

운영구조(regulatory context)는 행정당국에 의해 이행되는 제도 및 시행방법뿐 만 아니라 운영에 영향을 미치는 여러 환경(시장, 운영자 단체, 비정부적인 조직 등)들을 의미한다.

5.1.2 경쟁의 이점

최근 여러 사례에 의하면 경쟁에 의해 운영되는 대중교통체계가, 정부기관에 의해 직접 운영되는 버스체계에 비해 효율성 제고와 교통수요에 대한 반응 측면에서 보다 효과적이라고 인식되고 있다. 다만 이러한 일반적인 원칙은 다음과 같은 몇 가지 조건이 있다 (Halcrow Fox for Department for International Development, UK. May 2000).

- 경쟁(competition)은 효율성 개선에 강력한 힘이 될 수 있지만 적절한 규제가 동반되어야 큰 효과를 나타낼 수 있다.

- 적절한 규제(regulation)는 큰 효과를 나타내지만 일반적으로 규제는 많은 비용이 소요되며, 부적절하게 적용될 경우 버스 운영이나 경쟁 면에서 개혁을 힘들게 할 수 있다.

- 세상에 완벽한 최적의 규제(optimum regulatory)란 존재하지 않는다. 규제란 지역 여건(local conditions)에 맞게 선택되어야 하며, 고려 요소들은 다음과 같다.

  - 지리적 특성, 인구분포 특성 그리고 사회경제학적 특성
  - 대중교통 정책과 요금 정책의 목적
  - 산업구조
  - 교통 수단의 유형과 형태

5.2 운영체제의 분류

버스산업에는 공공독점(public monopolies) 혹은 개인독점(private monopolies) 운영에서부터 자유경쟁시장(open markets)에 이르기까지 광범위한 시장구조와 이와 관련된 규제가 존재한다. DfID(Department for International Development, UK)는 버스 운영체제와 관련하여 〈표 2〉와 같이 시장과 경쟁을 분류하였다. 이런 다양한 운영체제는 같은 지역 내에서도 수단별로 다르게 존재할 수 있다.

이 분류는 다음 세 가지 개념을 포함한다.
1) 규제전략(regulatory strategy)
2) 시장특성(market type)
3) 재원조달과 시장 진입가능성(procurement and market accessibility)

<표 2> 시장과 경쟁의 분류

분 류	경쟁 수준
독 점	무 경 쟁
운영 입찰 총비용 입찰 순비용 입찰 프랜차이징 면허 총량 허가 품질 허가	경쟁 입찰
자유 시장	자유 경쟁

5.2.1 독점

폐쇄적 운영시장의 경우 교통서비스 제공에 대한 책임은 독점적으로 운영하는 개인회사(1973~1984 싱가포르의 Singapore Bus Service)나 혹은 서비스를 계획하고 직접 운영하는 공공회사(1985년 이전 London Transport, 방콕 그리고 미국, 독일, 중국 내 많은 도시들, 부카레스트, 비엔나 등) 에게 주어진다. 과점운영(oligopolies) 또한 독점운영과 비슷한 특징들을 보인다. 독점운영은 1980년대 이전에는 매우 흔한 산업구조 형태였다.

독점은 폐쇄적인 산업구조이자 무경쟁 상태를 의미한다. 영국 DfID는 독점에 대해 다음과 같이 결론짓고 있다.

공공독점은 거의 언제나 경쟁운영체제보다 비효과적이다. 이는 정치적인 간섭, 부실한 인센티브 관리, 조직화된 노동자의 힘 그리고 기타 사회적 구속 때문이다. 물론 이 모든 것들이 모든 공공 독점에 있는 것은 아니며 그 수준 또한 다양하지만 대부분 예외 없이 경쟁운영체제에 비해 비효율적이다. 공공독점은 서비스와 요금을 행정 당국이 관리한다는 이점을 갖고 있다. 이는 사회적인 관점에서 지역사회의 요구들에 대한 반응과 통합 성취를 쉽게 해 준다. 그러나 이러한 장점도 공공 분야의 정책 목적과 시행의 통합성을 요구한다. 사례 검토와 학술적 연구에 따르면 순수한 공공독점이 잘 계획된 경쟁운영체제보다 우월하다는 어떠한 결과도 없다.

버스 운영에 대한 독점이 도시 전체의 승객수송을 독점한다고 할 수는 없다. 왜냐하면 버스나 다른 교통수단(철도, 페리 등)간에 경쟁이 있기 때문이다. 만약에 독점운영이 적절한 서비스를 제공하지 못할 경우 비공식적인 보조교통수단운영자(paratransit operators)이 시장에 참여할 기회를 제공하게 된다. 일단 보조교통수단이 운영되면 보조교통수단은 비탄력적인 공공 운영자에 비해 경쟁력을 가지게 되는 반면 행정적인 측면에서 관리나 제재에 어려움이 따른다. 가장 중요한 것은 대중교통과 녹색교통수단(보행, 자전거 등) 그리고 개인교통수단(특히 오토바이와 승용차) 사이에 경쟁이 생긴다는 것이다. 영국 DfID 연구결과에 따르면 대중교통 운영자 간의 내부 경쟁이 개인교통수단과의 경쟁보다 서비스 개선을 촉진하는데 더 효과적이라는 결론을 제시하고 있다.

> **개발도상국에서 오토바이의 역할**
>
> 개발도상국에서 소형 오토바이는 대기시간이 필요 없고 출발지에서 목적지까지 빠르게 그리고 대중교통 수단에 비해 저렴한 비용으로 이용이 가능하기 때문에 높은 수단분담률을 보이고 있다.
>
> 인도네시아 발리의 경우 1999년 기준 수단분담률을 살펴보면 오토바이 76%, 승용차 20% 그리고 버스가 4%를 차지했다. 베트남 하노이의 경우 2003년 기준 버스는 10% 이하를, 그리고 오토바이는 약 80% 이상을 차지했다. 이러한 도시들의 경우 도전해 볼만한 도시교통정책의 핵심은 교통수단을 오토바이에서 버스로 그리고 오토바이 이용자를 승용차로 수단 승급(upgrade)을 유도하는 것이다.

5.2.2 경쟁 입찰

경쟁은 다음의 두 가지 방법으로 관리될 수 있다.

- 시장을 위한 경쟁: 시장에서 운영자들은 서비스를 독점적으로 운영할 수 있는 독점권을 획득하기 위해 운영자들끼리 경쟁한다.
- 시장 내의 경쟁: 시장 내에서 운영자들은 일정한 경쟁 원칙에 따라 보다 많은 승객을 태우기 위해 다른 운영자와 경쟁한다.

시장을 위한 경쟁과 시장 내의 경쟁이 동시에 발생하는 경우도 많다. 예를 들어 제한된 숫자의 운영업체들이 동일 노선에 대해 운영권(operating rights)을 입찰 받고 동시에 승객경쟁(compete for passengers)을 하는 경우이다. 어느 경우에도 운영업체 선정을 위한 입찰관리와 '도로 위에서의 경쟁(on-the-road competition)' 관리를 위한 행정당국이 필요하다.

선진도시(Developed cities) 사례

대부분 선진도시들의 경우 경쟁입찰은 '시장을 위한 경쟁(competition for the market)'이다. 다시 말해서 버스운영자는 독점적 운영권을 획득하기 위해 경쟁을 하는 것이다. 이는 대부분의 선진도시가 많은 공공 보조금을 지급하고, 행정당국은 규정된 서비스수준을 최소의 비용으로 운영할 수 있는 사업자를 결정하게 된다. 일단 각 수단별로 운영비용을 요금 수입에 전적으로 의존하는 운영의 원칙에서 교통체계의 통합운영이라는 정책방향으로 변경되면 요금 산정기준은 운영비용 회수라는 단순한 기준에서 사회적 후생을 고려한 개방 형태로 바뀌게 된다.

시장을 위한 경쟁전략은 많은 선진도시들(런던을 포함한 유럽 연합 도시들, 더블린, 코펜하겐, 스톡홀름, 헬싱키등과 호주, 뉴질랜드, 미국 내 도시들도 포함해서)에서 다양한 형태로 적용되어 왔다. 완전히 통합된 대중교통체계와 행정관리체계는 매우 높은 수준의 전문적인 관리능력과 견실한 법적 기초를 필요로 하며, 운영권 입찰 과정에 신뢰성을 가지기 위해서는 행정당국의 높은 수준의 투명성, 청렴성, 그리고 공정성이 요구된다.

개발도상도시(Developing cities) 사례

선진도시들의 경우 대중교통계획의 수립과 관리능력은 우월하지만 운영업체 간 경쟁은 약한 편이다. 개발도상도시에서는 선진도시와 반대된 상황이 발생한다. 여기서 경쟁입찰체제는 대표적인 선진국형 대중교통운영체제라 할 수 있다. '시장을 위한 경쟁체제'를 도입하여 시행하고 있는 개발도상도시들은 거의 없다. 몇몇 도시에서 이미 도입을 추진한 바 있었지만 운영권 입찰이나 절차상의 문제점 등 이에 따른 시행상의 문제들로 인해 성공적인 결과를 얻지 못했다. '시장 내의 경쟁' 조차도 비체계적인 운영체제와 행정당국의 능력부족으로 인해 개발도상도시에서는 흔히 발생하지 않는다.

기존의 버스운영자들은 새로운 시장 진입자(newcomers)를 막고 다른 경쟁 교통수단에 의한 시장 잠식(incursion)을 막기 위해 자신들을 조직화하는 경향이 있다. 이러한 결과로 시장 내의 효과적인 경쟁에는 많은 제약이 있을 수밖에 없으며, 종종 행정당국은 버스운영조직에 의사 결정을 위임하여 문제를 해결하고자 한다. 이러한 독점적인 운영조직에 대한 개편 시도는 매우 힘들며 상당한 저항을 유발할 수 있다.

5.2.3 자유 경쟁

규제가 없는 열린시장(open market)에서는 규정된 명목상, 안전상 기준을 만족하는 자격 있는 모든 운영업체는 그 자신의 판단 하에 제한 없이 서비스를 자유롭게 운영할 수 있다. 가장 대표적인 사례는 영국의 런던시내를 제외한 외곽지역들이다. 일반적으로 개발도상도시들의 열린 시장은 행정당국이 철저한 검토를 통해 제시했다기 보다는 자연발생적인 경우가 대부분이다. 반대로 비효율적으로 지나치게 규제된 버스산업도 여러 개발도상도시들에 존재하고 있다.

5.2.4 관리 공백

정부가 명백한 정책방향과 우선순위, 그리고 규정된 행정절차를 갖고 있지 않을 경우 정책결정(decision-making)은 모든 이해 주체들과 논의하고 결정해야 하는 복잡한 과정이 필요하다. 여기서 지침과 원칙의 결여는 기존운영자가 독점적인 권리를 소유하는 '관리공백(regulatory vacuum)'을 조성하게 된다. 심지어 기존 운영체계가 처리하지 못하는 교통수요에 대응하기 위해 발생한 불법 운영자도 합법적인 권리를 요구하게 된다.

또한 관리공백은 다양한 교통수단 운영자들이 영향력 있는 '강자(strong man)'에 의해 이끌어지는 협회에 통합되는 여건을 조성하기도 하며, 자신들의 이익에 반하는 시도들로부터 자신들의 이익을 지키기도 한다(예를 들어 교통수단, 노선, 혹은 구역에 대한 관리). 이들은 거대한 조직과 적극적인 이익활동으로 인해 상당한 권력을 가지고 있으며, 궁극적으로 행정당국보다 더 큰 힘을 가질 수도 있다. 이 힘은 불법적인 규제나 비용 징수 등 불법적인 운영체제를 유지함으로써 기득권을 유지할 수 있는 조직들의 운영방침에 의해 더욱 증대될 수 있다. 궁극적으로 운영자들은 파업이나 시위 등을 통해 거부권(power of veto)을 행사할 수 있는 권한을 가질 수 있다. 이들의 이러한 거부권 또는 그들이 이러한 거부행동을 할 수 있다는 기대심리를 이용해 행정당국이 정책적 주도권을 잡기에 주저하거나 아예 결정을 내리지 않는 상황을 만들어 내기도 한다.

결국 관리공백은 행정당국과 운수산업, 그리고 여러 운영자 집단 사이의 갈등(conflicts)으로 귀결된다. 이러한 갈등을 피하거나 협상을 위해 체계적인 계획수립 및 모니터링에 사용될 수 있는 행정당국의 인력이나 자원들이 불필요하게 소모된다. 이러한 과정이 반복될 경우 사소한 결정(노선변경 등)도 행정당국의 최고 결정권자에게까지 올라가야만 하는 상황을 만들기도 한다. 당면과제에 대한 행정당국과 운영자간의 협상에 있어서 일반적으로 이용자들의 편익은 거의 고려되지 않는 경향이 있으며 주요 과제들은 사회적 영향이 크거나 이해 단체간 논란이 발생할 경우에만 공개되고 의제에 올려진다. 비체계적인 규정에 바탕을 두고 있는 해결책들은 근본적인 문제점을 해결하기 보다는 현재 문제점을 일시적으로 해결하기 위한 임시 변통적인 성격을 띄는 경우가 많으며, 이러한 정책들은 결국 사회변화를 따라잡지 못하게 된다. 〈그림 3〉는 명확한 관리정책의 미비, 부적절한 규정, 불법적인 관리는 결국 이용자들의 수요에 대한 대응미비로 나타나며, 이는 불법적인 교통수단의 발생 그리고 낮은 서비스수준과 투자로 귀결된다는 '악순환 사이클(vicious cycle)'을 설명하고 있다.

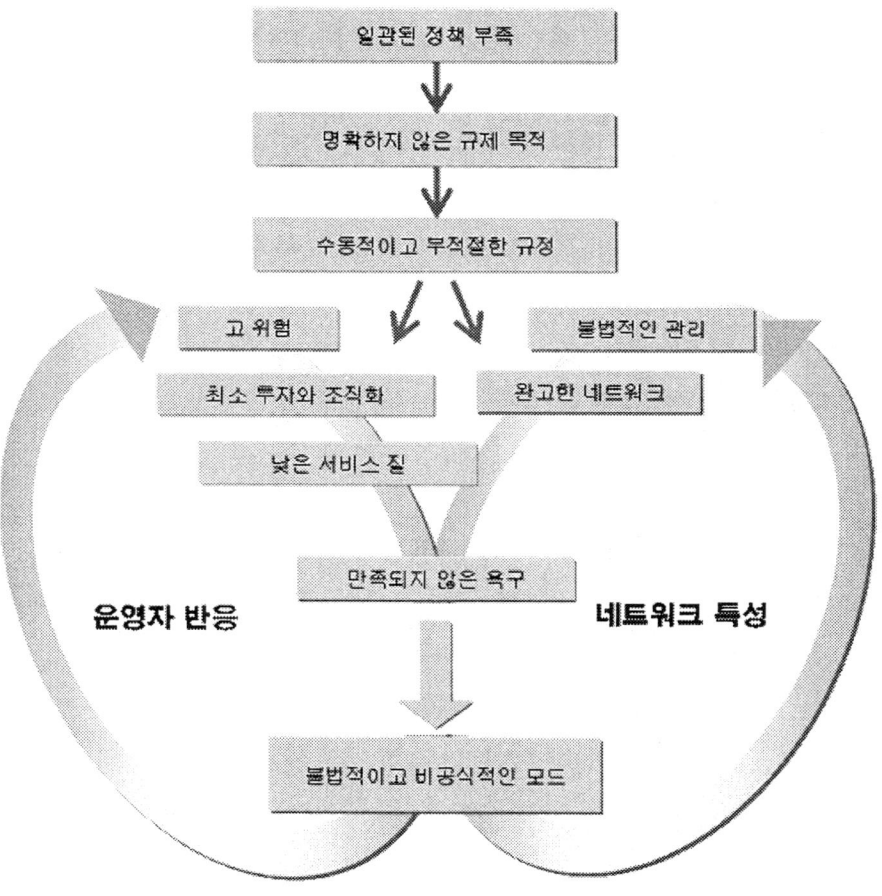

<그림 3> 행정당국의 비효율적인규제에 따른 악순환 사이클

5.3 행정당국의 역할

행정당국의 역할은 독점, 경쟁입찰 그리고 자유경쟁의 세 가지 운영체제에 따라 변하지만 성공적인 운영을 위해서는 무엇보다 효율적인 행정조직이 필요하다.

'독점체제' 하에서 행정당국은 운영자가 서비스와 품질기준을 지키도록 관리해야 한다. 민간독점운영체제 하에서 서비스가 기준에 도달하지 못할 경우 단기간 내에 새로운 운영자를 찾기가 어렵다. 또한 행정당국은 법적, 제도적 한계점을 핑계로 효율적인 행정추진을 기피할 수도 있다. 다른 운영체제와의 비교 평가가 없을 경우 행정당국은 이러한 상황을 당연한 것으로 받아들일 수 있으며, 이는 행정당국의 계획 수립 의지를 약화시킬 수 있는데 공영제의 경우 행정당국과 독점운영자는 보통 부서 하에 소속된 같은 조직인 경우가 많아 상호 독립적이지 못하다.

독점운영체제의 경우 운영자들은 비용을 절감해야 할 동기가 약하고 행정당국은 지속적으로 증가하는 운영보조금을 지원해야 한다. 사실상 정부 스스로 인원 과다와 같은 여건 조성으로 이러한 결손에 기여하는 경우도 있다. 하지만 이런 상황에서도 정부는 정치적인 이유로 인해 비용을 회수할 수 있는 적절한 수준으로 요금을 인상하지는 못하는 경우가 많은데 이것이 많은 공공독점 운영체제가 퇴락하게 되는 출발점이다. 이런 과정을 통해 개혁에 대한 필요성이 인식되기 전까지 독점 운영체제는 심각한 수준으로 악화된다.

'시장을 위한 경쟁입찰체제' 하에서 행정당국은 모든 교통수단에 대한 서비스 계획과 개발에 대한 책임을 지게 된다. 이 경우 행정당국의 업무는 다음과 같이 정리될 수 있다.

- 정보제공과 요금징수체계 등 교통 시설과 기술 체계에 대한 계획 수립
- 교통망내의 모든 노선선정과 노선운영 조건 결정
- 노선입찰과 계약을 통한 서비스 확보와 입찰 과정 관리
- 운영자들간의 이견 조정
- 노선별 계약조건 준수 모니터링
- 교통체계에 대한 통행수요 변화 모니터링
- 요금수준 결정

이러한 업무를 위해서는 교통에 대한 전반적인 자료가 잘 구축되고 유지되어야 하며, 책임을 맡고 있는 운영당국은 정부의 대중교통정책 수립에 주도적으로 관여해야 한다. 서비스기준(service standards)으로는 용량, 품질, 환경기준, 요금, 차량 그리고 노동 조건이 포함되어야 한다.

'자유 경쟁체제' 하에서 당국의 책임은 경쟁이 효율적인 상태로 유지되는 것을 보장하고 운영자와 차량이 최소 안전 및 환경 기준을 준수하도록 하는 것이다. 이 경우 행정당국이 노선망과 서비스에 대한 전반적인 계획을 수립하지 않으며, 이는 시장 내의 운영자들에 의해 이루어진다. 운행노선과 버스를 등록하도록 하는 체계는 행정당국의 노선망 관리능력을 제고 한다. 이 경우 행정당국은 수익성이 없어 민간운영업체들이 서비스를 제공할 수 없는 지역에 대해 대중교통 서비스를 제공할 책임을 가질 수 있으며, 이는 경쟁입찰과 같이 입찰과 계약에 의해 이루어진다.

5.4 개발도상도시와 선진도시의 운영체제 특성

앞에서 언급한 바와 같이 개발도상도시와 선진도시의 구분은 다음과 같이 기본적인 대중교통특성차이로 구분되는데 먼저 개발도상도시(developing cities)의 대중교통체계의 특징은 다음과 같이 정리해 볼 수 있다.

- ■ 기본적으로 정부보조금이 없다. 하지만 공공이 직접 운영하는 사업에 대한 적자보존은 존재한다. 민간운영자들은 요금으로 운영비용을 회수해야 하는데 여기에는 다음 몇 가지 이유가 있다.
  - 대부분의 개발도상 도시들은 낮은 요금과 낮은 품질의 보조 교통수단에 크게 의존한다. 보조 교통수단은 공식적인 대중교통 수단이 채워주지 못하는 대중교통체계의 부족한 부분을 채워주는 역할을 한다.
  - 재정보조금 지급과정은 보조금을 지급하는 행정당국이 합리적이며 효율적이라는 것을 확신할 수 있는 체계적인 행정절차를 요구하는데 반해 개발도상도시들은 대부분 이러한 행정능력이 부족한 경우가 많다.
  - 보조금은 일반적으로 신뢰성과 운영능력을 갖춘 대형교통운영자에게 지급 하는 것이 용이한데 많은 개발도상도시들의 경우 소규모의 개인 운영자들이 대중교통운영을 맡고 있다.
  - 개발도상도시들은 공적 자금이 더 높은 우선권을 갖는 곳에 사용되는 경우가 많아 대중교통에 지불할 수 있는 보조금이 부족한 경우가 많다.

- ■ 선진도시들에 비해 상대적으로 통합적인 교통수단, 노선, 또는 요금체계가 없다.
- ■ 서비스준수의무(service obligations)를 운영자에게 부과하지 않는다. 이는 행정당국이 노선을 계획하고 서비스준수를 관리하는 능력이 부족하기 때문이며, 이에 따라 규정이 잘 지켜지지 않는 경향이 있다. 운영자는 특정 노선에서 운행할 수 있는 허가를 받고 그 노선에서 수입을

올리고자 한다. 따라서 운영실패에 따른 제재(sanction)가 없으며 운행 노선과 용량은 일반적으로 행정당국이나 운영자들의 압력에 의해 점진적으로 증가하는 경향이 있다.

■ 시장내의 경쟁은 보통 여러 운영자들이 존재함에도 불구하고 특정 노선이나 터미널에 대한 접근을 제한하는 운영자 조직의 내부규정이나 제도적 제한 조건에 의해 효율적이지 못한 경우가 많다. 반면 경쟁이 존재하는 보조교통수단의 경우 서비스보다는 비용에 의해 경쟁이 유발되고 이에 따라 서비스 개선은 이루어지지 않고 있다. 시장 내 혹은 시장을 위한 경쟁체제를 만들기 위해서는 최소한 특정 서비스규정을 부여한다거나 기본운행시간표를 만드는 등 계획수립과 관리를 효율적으로 통제할 수 있는 능력이 필요하다. 공공운영자가 같은 시장 내에 존재하는 경우, 그들은 어느 정도 상업적 특혜를 받고 경쟁 상대로부터 보호되는 경향이 있다.

■ 낮은 행정능력은 비공식적인 대중교통 수단에 대한 관리능력을 떨어뜨린다.

이에 반해 선진도시(developed cities)의 대중교통체계 특성은 다음과 같다.

■ 대중교통에 보조금이 지급되며 대중교통 운영비용이 비싸고 고품질로 보상받는다. 대중교통에 투입되는 공공의 재정보조금이 최고의 가치를 얻을 수 있다는 것을 입증하는 과정이 있을 수 있다.

■ 대중교통서비스의 품질과 신뢰도가 개인 교통수단 이용을 억제하는 사회적 목표 달성에 크게 기여한다. 높은 환경기준을 만족시키며 요금에 구애 받지 않고 교통약자들에게 동등한 이동성(mobility)을 제공한다.

■ 교통수단간, 노선간, 요금에 있어서 통합운영이 이루어지며 수단간 공통적인 요금수준이 적용된다. 행정당국은 요금수입을 관리하며 운영자들에게 수입을 배분한다.

- 불법적인 보조교통수단이 없다.
- 운영자는 서비스준수 의무를 따른다.
- 체계적인 계획수립, 서비스제공 그리고 모니터링 능력을 갖춘 효율적인 교통행정기관이 존재한다. 교통행정기관은 법률에 의해 규정된 힘과 감독의 기능을 갖는다.
- 공공부문의 독점운영자가 존재할 수 있다.

선진대중교통체계의 특징은 다음 장에서 설명되는 'EU 교통관련규정(European Union draft regulation on transport)'에서 살펴 볼 수 있다. 이러한 특징들에 의해 대중교통체계의 개발단계에 따른 도시의 분류가 가능하고 교통체계가 발전하는 단계를 확인할 수 있다. 먼저 싱가포르의 사례를 살펴보면 다음과 같다.

싱가포르 대중교통체계의 개발 단계

1970년대 싱가포르의 대중교통체계는 '개발도상체계(developing system)'로, SBS라는 독점버스운영회사가 빈약한 서비스를 제공했고, 첨두 시간에만 통학을 담당하는 계약버스가 'supplementary scheme'에 의해 보조교통수단으로 운행되었다. 대중교통에 대한 관리는 통신부(Ministry of Communications)가 담당했다.

1987년에 처음으로 지하철(MRT) 노선이 개통되었고 버스노선과 대중교통 요금(버스, 택시와 MRT)에 대한 통합관리 및 운영을 위해 Public Transport Council(PTC)이 설립되었다. 1989년에는 통합된 버스노선계획의 수립과 요금징수체계를 관리하기 위해 SMRT, SBS, TIBS로부터 지원된 자금으로 Transport Link Ltd.(TL)이 설립되었다. 이러한 일련의 과정들은 싱가포르의 대중교통체계를 선진도시(developed city)에 올려놓았다. 하지만 기반시설비용(infrastructure costs)을 제외하고 대중교통에 대한 직접적인 보조금은 지원하지 않았다.

대중교통의 통합은 1995년에 SLTA 설립과 함께 계속되었다. MRT와 LRT 노선망(2003년까지 95개역 포함)을 버스노선과 연계하는 통합적인 대중교통운영체계 합리화 방안과 함께 'ez-link' 스마트-카드 요금징수체계가 2002년에 도입되었다.

최근 20년간 싱가포르의 교통관련 정부보조금은 128km 지하철과 경전철에 지급된 보조금을 포함하여 기반시설비용(터널, 육교, 역, 신호체계와 신규 지하철 차량 등)에 제한되어 있다. 대중교통수단의 운영비용은 요금으로 충당되는 것이 원칙이다.

1996년 싱가포르는 SBS와 TIBS의 두 개 버스회사를 기반으로 한 운영체계인 과점(duopoly)을 문서로 확인하였다. 즉, 버스 서비스공급에 있어 두 버스회사간의 내부적인 교차보조(cross-subsidy)를 이용해 비수익 버스노선(unprofitable bus routes)을 지원하고 이를 통해 안정적인 버스교통체계를 구축하겠다는 것이다. 싱가포르 정부는 이 두 버스 운영자가 효율성(efficiency), 비용효과(cost-effectiveness) 그리고 서비스수준(service levels) 제고측면에서만 서로간의 경쟁을 요구하였고 싱가포르는 시장 내에서 그 외의 추가적인 경쟁은 없을 것이라고 발표하였다.

Source: A World Class Transport System. White Paper. Singapore Land Transport Authority 1996

5.5 경쟁입찰 이행

경쟁입찰체제를 계획하기 위해서는 관리전략과 수행전략이라는 두 가지 요소에 대한 고려가 필요하다.

5.5.1 관리 전략

유럽, 북미, 호주 그리고 대부분의 동구권 도시 대중교통은 공공 운영자에 의해 독점적으로 운영되어 왔다. 하지만 최근에는 다수의 대중교통 공급자에게 교통 서비스공급을 경쟁시키면서 선택된 운영자에게 일정 기간 동안 운영권을 제공하는 경쟁입찰제가 세계적인 추세이다. 이러한 추세는 다음에 설명하는 EU규정에 의해 더욱 강화되고 있다. 이러한 경쟁 입찰제는 일부 남미 국가들이 도입하고 있기는 하지만 상대적으로 이러한 경쟁입찰제를 시행하고 있는 개발도상도시는 거의 없다.

계약 형태

- 관리계약(management contract): 행정당국이 노선, 차량들의 자산(assets)을 소유하는 경우
- 서비스계약(service contract): 총비용(gross cost) 혹은 순비용(net cost)에 근거한 노선의 운영계약

총비용 또는 순비용 노선입찰제

'총비용계약(gross cost contract)' 하에서 모든 요금수입은 행정기관에 귀속된다. 따라서 수입 변동에 따른 위험은 행정기관이 갖게 되며, 운영자는 오직 계약에 의해 사전에 적절하게 산정된 운행비용만 고려하면 된다. '순비용계약(net cost contract)' 하에서 운영자는 해당 노선의 예상 수입을 기초로

입찰에 응하게 되는데, 이 경우 수입 변동에 따라 운행비용을 완전히 회수하기 위해서는 어느 정도의 보조(subsidy) 비용이 추가될 수 있다. 여기서 순비용입찰은 예상수입이 실질적으로 확보되지 않을 수도 있다는 위험성을 포함한다. 영국 런던의 경우 승객수요가 안정적으로 잘 예측된 노선에서는 총비용입찰이 순비용입찰보다 비용측면에서 버스 운행 거리(km) 당 약 10% 더 저렴한 것으로 나타났다(London Bus Tendering Regime-Principles and Practice. Toner JP. 7 th International Conference on Competition and Ownership in Land Passenger Transport. 2001. 6).

다양한 버스 노선망이 구축되어 있지 않은 개발도상도시에서는 노선에 대한 잠재수요(potential demand), 요금에 대한 수요탄력성(demand elasticity) 등 기본자료가 경험적인 자료(empirical data)에 기반하여 산정될 수 밖에 없다. 순비용입찰의 경우 입찰자는 입찰 금액의 20-30%를 추가적인 비용으로 포함할 수 밖에 없다. 따라서 믿을 만한 수요관련 자료가 미비할 경우 총비용입찰이 순비용입찰 보다 행정당국 입장에서 저렴할 수 있다.

총비용입찰은 운영자가 요금수입을 행정기관에 귀속시키지 않을 경우 위험이 발생한다. 하지만 수입의 많은 부분을 직접 행정당국이 징수할 경우(정액권, 정기권, 자동발매기, 소매상점등에서 티켓을 판매할 경우) 이러한 위험은 줄어든다. 순비용입찰은 버스 시장에 잠재적인 경쟁요인을 제공하나 이러한 가격경쟁요인은 통합요금제(integrated fares and ticketing)가 시행될 경우 줄어들 수 밖에 없다. 순비용입찰이냐 총비용입찰이냐를 결정함에 있어서 총비용입찰에서는 현금으로 지불되는 요금에 대한 누출(leakage)을 순비용입찰에서는 요금수입 변동시 발생하는 위험비용고려가 가장 중요하다. 영국런던에서는 두 가지 입찰 방식을 노선 특성에 따라 차별적으로 적용하였다.

홍콩의 버스 프랜차이즈

홍콩의 프랜차이즈버스(franchised bus)는 1991년부터 입찰을 통해 운영되어 왔다. 프랜차이즈 버스 회사들은 지하철, 공공미니버스(public light bus) 등 타 교통수단과 경쟁하고 있다. 2002년 상반기에 프랜차이즈 버스는 홍콩의 일일 대중교통 통행량의 39.1%를 분담하였다. 홍콩에는 5개의 버스회사(KMB, NWFB, NEW Lantao Bus Company Limited(NLB), Citybus가 두 개의 프랜차이즈 노선을 운행)와 한 개의 페리회사(LW & Star Ferry Company Limited)가 프랜차이즈로 운행되고 있다. 각 회사에는 각각 두 명의 정부 지정 이사가 이사회에 속해 있다.

투명한 운영을 위해 프랜차이즈 운영사는 주기적으로 재정현황과 운영에 관련된 정보를 책자로 발간하여 공개하고 있다. 또한 프랜차이즈 회사는 매년 향후 5개년 운영계획(2년 동안의 신규 노선 개발 계획 포함)을 작성하여 홍콩 교통당국의 승인을 받아야 한다. 또한 운영성과와 서비스 수준평가를 통해 고객 관련 서비스를 개선토록 하고 있다. 모든 프랜차이즈 운영 회사들은 서비스수준 개선과 평가를 위해 이용자 평가단을 두고 있다.

<그림 4> 홍콩의 프랜차이즈 버스

<표 3> 버스 서비스 경쟁입찰의 종류

종 류	특 징
공공 독점	행정당국이 버스체계를 소유하고 직접 운영
관리 위탁	행정당국이 버스체계를 소유하고 업체에 위탁 관리
경쟁 입찰:	
- 총비용	요금수입은 행정당국에 귀속되고 입찰자는 운영 비용을 경쟁
- 순비용	요금수입은 운영자에 귀속되고 입찰자는 운영 비용과 수입을 경쟁
프랜차이징	당국은 일부 서비스 요소를 규정
품질면허	서비스 품질 기준을 만족하는 모든 운영자는 운영 가능
총량면허	경쟁을 유지하기 위한 범위 내에서 총량을 제한하여 면허를 부여
자유경쟁	몇 개의 기본 사항을 만족시킬 경우 제한 없이 운영

면허제와 운영체제 개편

현재 많은 개발도상도시의 면허체제(licensing system)의 가장 큰 문제점은 어느 누구도 노선의 서비스보장에 책임지지 않는 근본적인 문제를 갖고 있다.

행정당국은 버스 서비스에 대한 규제를 철폐하거나 (그럴 것이라고 예측되진 않지만) 서비스를 효과적으로 계획하고 관리해야 한다. 이러한 계획의 수립과 관리를 위해서는 대중교통의 운영성과를 모니터링할 수 있는 기술과 인력을 필요로 하며 만약 현재 제공되고 있는 서비스의 수준이 낮다면 이러한 현재 상황을 변화 시킬 수 있는 방안이 필요하다. 이런 관점에서 여러 운영자가 같은 노선에 대한 운영권을 지속적으로 유지하는 것은 중지되어야 한다. 즉, 개별 노선은 그 노선에 대해 책임을 지고 서비스를 제공할 수 있는 하나의 운영자를 가져야 한다. 이는 운영자(개인, 회사, 조합 혹은 기타 책임 있는 단체)가 운행 허가를 가지고 있어야 하는 버스 운행 면허 절차의 근본적인 변화를 요구한다.

해당 노선 운영자는 만족할만한 수준의 서비스를 제공하도록 관리되어야 하는데 이를 위해서는 다음 사항들을 포함하는 많은 핵심적인 서비스 변수들이 정립되어야 한다.

- ■ 처음과 마지막 버스의 출발 시간
- ■ 운행 중인 최대 버스 차량 수

- 운행할 수 있는 버스들의 용량
- 하루 동안의 배차 간격
- 방향별 첨두시간 용량
- 하루 총 운행 횟수
- 첨두 시 최대 용량
- 엔진위치, 좌석, 에어컨, 바닥 높이, 입석을 포함한 법적 정원, 통로 폭, 차량 높이와 출입문 수를 포함하는 차량 규격.

이러한 모든 변수들은 승객 관점에서 본 서비스수준과 관련이 있다. 물론 상세한 조건들은 여건 변화에 따라 운영자와 행정기관(licensing authority)과의 상호 협의 하에 조정될 수 있는데 이러한 조정과정은 매우 중요하다. 일반적으로 승객 수를 증가시키는 것이 가장 중요한 목적이기 때문에 승객이 늘어남에 따라 더 많은 버스가 추가되거나 더 큰 버스를 구입하는 것은 필수적이다. 운영자가 최소 조건을 만족시키는 한 추가적인 버스 운영에 자유로워야 하며, 행정 기관은 운영자가 증가하는 수요에 적절히 반응하지 않는다고 판단될 경우 서비스 개선을 요구할 권한이 있어야 한다.

이러한 서비스의 유지 방안은 운영자의 의무와 관련이 있다. 하지만 만약 대중교통 요금이 행정당국에 의해 관리된다면 운영자가 감가상각(depreciation)과 이자 부담을 포함한 모든 운행 비용을 감당할 수 있는 수준, 그리고 투자에 대한 비용의 합리적인 회수가 가능하도록 요금을 조정할 수 있는 명확한 합의가 필요하다.

또한 운영자는 정기적으로 당국에 운영 상황을 보고해야 한다. 운영자와 행정당국 간의 합의는 만약 서비스가 규정대로 제공되지 않을 경우 행정 기관이 운영자에게 조치를 취할 수 있는 조항을 반드시 담아야 한다. 이상적인 관리 방안으로는 처음 위반 시는 벌금(fines)을 내고 계속해서 위반할 경우 노선 운영권을 박탈하는 점증적인 규제방식이다.

운영자의 운행비용이 최소화되도록 행정기관은 모든 노력을 기울여야 한다. 어떠한 특별 허가나 이에 따른 추가적인 비용도 요구되어서는 안 된다. 또한 버스 운영에 따른 세금도 가장 낮은 세율로 적용되어야 한다.

서비스 입찰

총비용입찰의 가장 큰 단점은 서비스개선에 따른 운영자의 수입이 실제 수입과 관계가 없기 때문에 운영자들이 서비스를 개선하여 추가로 승객을 증가시키려는 동기를 갖지 않는다는 것이다. 이러한 수입증대 동기는 순비용 입찰에서도 약할 수 밖에 없다. 이러한 단점을 극복하기 위해 서비스 품질에 기반한 입찰이 노르웨이, 오스트리아, 뉴질랜드 등 몇 나라에서 시행되었다.

서비스입찰은 인센티브입찰(incentive contract)의 한 형태로 주어진 보조금 수준에서 사용자를 위해 가능한 최선의 서비스 제공을 목표로 하고 있다. 서비스 입찰은 고객중심(customer-oriented)의 서비스와 장기적인 운영계획, 그리고 통합된 대중교통 노선망을 구축하기 위하여 예측이 가능한 성과지표의 평가체계를 활용한다.

서비스입찰은 여러 조건에 따라 다양하게 적용될 수 있으며 경쟁 입찰과 달리 계약기간을 미리 정하지 않는다. 또한 새로운 입찰자를 위한 재협상 횟수가 상대적으로 적어 입찰 비용을 줄일 수 있고 경쟁 동기를 유발시킬 수 있다. 서비스 입찰에서는 운영자가 운영 성과에 대한 고객의 만족도를 평가하기 위해 서비스 평가지표에 대한 자료를 사용자로부터 수집해야 한다. 가장 중요한 평가 지표는 통행시간(travel time), 정류장과 차량 내에서 운행 정보 제공, 요금수준 및 할인구조일 것이다. 또한 계약된 서비스수준을 달성하지 못할 경우 행정기관은 운영회사에 대한 압박 수단으로 경쟁 입찰을 시행할 수도 있다.

이러한 서비스입찰은 2000 - 2003년 사이에 노르웨이의 Hordaland에서 있었다. (Experiences with Quality Contracts in Public Transport in Norway, D M Berge, S Brathen, Ohauge and F. Ohr. 8th

International Conference on Competition and Ownership 2003). 연구 결과에 의하면 운영자들은 인센티브에 민감하게 반응하였으며, 이용자들은 상당한 수준의 서비스개선이 있었다고 답하고 있다.

◯ 수송인원에 따른 장려금 입찰

총비용입찰에서 경쟁 동기 미비라는 단점을 보완하기 위한 또 다른 방법은 승객이 증가할 경우 이에 따른 장려금을 지급하는 것이다. 하지만 이러한 장려금은 대중교통 이용 수요가 안정적이고 점진적으로 추가적인 수요 증가가 예측 가능할 때만 적용될 수 있다.

◯ 개별노선 또는 지역 입찰

입찰은 단일노선에 대한 운영권을 부여하거나 또는 운영 효율을 위해 다른 운영자의 접근을 제한하면서 도시의 일부 지역 내 모든 서비스 운영권을 특정 운영자에게 부여하는 지역입찰(area contract)방식이 있을 수 있다. 당국은 특정 지역에 프랜차이즈를 형성할 수 있도록 여러 개의 노선을 하나로 묶어 입찰할 수 있다. 지역입찰은 운영자가 버스 승객을 증가시키려는 동기가 있을 경우 상당한 장점을 가진다. 이러한 지역별 입찰의 장점은 노선망 계획과 설계에 대한 모든 노력을 전적으로 운영자가 한다는 것이다. 게다가 지역계약에 의한 운영자(특히 순비용계약이나 민영제로 운영하는 경우)들은 수요에 더욱 민감하게 반응한다. 따라서 지역입찰은 노선별 입찰 운영에 따른 운영제도에 비해 수요를 잘 반영하는 버스 서비스를 제공하는 경향이 있다.

규모가 큰 지역 운영자들은 규모에 의한 경제와 보다 높은 운영효율에 의해 비용절감을 이룰 수 있다. 예를 들어 여러 노선을 동시에 운행함으로써 차고지(depot)와 정류장 간의 공차거리(dead mileage)를 줄일 수 있으며 또한 노선과 요금체계의 통합을 통해 비용을 절감할 수 있다. 또한 지역 운영자는 해당 지역에서 발생하는 추가적인 서비스 요구에 대해서도 적절하게 대응할 수 있다. 일반적으로 노선별 입찰에 비해 지역입찰이 높은 입찰비용을 필요로 하지만 행정기관에게는 더 많은 수입을 제공할 수 있다. 더불어 노선별 입찰의 경우 시장에서 더 많은 경쟁을 하게 되고 이에 따라 순비용 입찰제와 같이 운영자들이 더 높은 위험을 가지게 되기 때문에 이러한 위험성이 입찰 시 '위험비용'으로 산정되어 계약 비용을 높이는 것으로 보인다.

지역입찰은 요구되는 큰 투자비용과 지역시장 개발 및 수요 확보에 소요되는 시간으로 인해 지역입찰에 의한 운영자는 개별노선입찰에 의한 운영자보다 긴 계약 기간을 갖는다(예를 들어 4-7년보다 긴 7-10년). 이에 따라 개별노선 입찰제 보다 입찰 횟수 및 빈도가 모두 줄어든다. 이러한 지역입찰제에서 운영 지역을 다른 사업자와 일정 정도 중복시키거나 각 운영 지역에 대해 다른 사업자의 버스 운영을 일부 허용하는 제한적인 경쟁이 운영자간의 경쟁을 촉진하기 위해 적용될 수도 있다.

하지만 지역입찰은 다음과 같은 몇 가지 단점들이 존재하는데 가장 큰 단점은 지역 운영자에 대한 의존도가 높다는 것이다. 또한 지역 운영자를 교체하는 경우 발생하는 실질적인 문제들은 지역 운영에 대한 초기 투자비용과 기존 운영자에 대한 높은 의존도 때문에 개별노선 입찰에 비해 훨씬 더 크다고 할 수 있다. 왜냐 하면 지역 운영자가 바뀔 경우 해당 지역의 전반적인 버스 서비스가 붕괴될 수 있기 때문이다. 〈표4〉는 대표적인 지역 입찰제인 홍콩 버스 프랜차이즈 제도의 주요 논점들과 대안을 정리하고 있다.

<표 4> 프랜차이즈 운영제도 : 주요 논점과 대안

주요 논점	프랜차이즈 제도 계획 및 실시를 위한 지침
운영자수 결정	■ 각 노선에 대한 다수의 운영 허가는 관리하기 힘들다. ■ '한 노선에 한 운영업체'는 행정당국이 효율적으로 서비스 의무 준수 여부를 관리할 수 있게 한다. ■ 대도시의 경우 효율성을 높이기 위해 개별 노선들은 지역별로 혹은 몇 개 노선 단위 별로 프랜차이즈 되어야 한다. ■ 작은 입찰 단위는 운영자 교체를 용이하게 하고 계약 기간을 짧게 한다.
입찰 단위	■ 배차 시간대나 일일 총 운행 횟수 ■ 노선 ■ 노선 그룹이나 지역 노선망 ■ 지역
지역단위/노선단위 설계원칙	■ 서비스 의무 책임을 명확히 하기 위한 분리 ■ 경쟁을 촉진하기 위한 일부 중복
서비스계획의 역할과 책임	노선을 기준으로 한 프랜차이즈는 보통 당국에 의한 노선 계획 수립을 요한다. 지역을 기준으로 한 프랜차이즈는 노선 계획 수립 책임을 운영자가 질 수 있다.
행정기관에 의한 서비스 규정	■ 모든 서비스변수(노선, 횟수, 차량 형태와 수준, 최고요금, 운영주기, 운행시간, 배차간격) ■ 최대 그리고 최소 서비스기준을 동시에 제시하거나 혹은 최소 서비스기준을 제시 운영자는 서비스기준에 대해 어느 정도 유동성을 가질 수 있다.
계약 기간	■ 마을버스의 경우 3년 ■ 대형버스의 경우 최장 10년 ■ 기반시설 투자나 개발이 요구될 경우 20년까지
독점적인 권리	운영자는 특정 노선, 터미널 혹은 정류장에 대해 독점적인 권리를 가질 수 있다. 독점적인 노선 및 지역 프랜차이즈는 통상적으로 서비스의무를 포함한다. 여전히 주요 노선 구역에서 경쟁이 발생할 수 있다. 독점적인 지역 프랜차이즈는 운영상의 이유로 경쟁 가능

<표 4> 프랜차이즈 운영제도 : 주요 논점과 대안(표 계속)

주요 논점	프랜차이즈 제도 계획 및 실시를 위한 지침
보조금 지급기준	승용차 사용을 줄이고자 할 경우 보조금 지급은 포괄적인 경제적 사회적 목적에 의해 지급될 수 있다. 그러나 운영비용의 회수가 가능한 수준으로 요금을 설정하는 것에 대해서는 많은 논쟁이 있다. 보조금이 지급되는 운영체제는 행정적으로 더욱 복잡해지며 더불어 더 큰 사회적 책임감을 갖게 된다. 보조금은 교통약자들을 위해 우선적으로 지불되어야 한다.
기존 운영자	기존의 개별 운영자는 프랜차이즈 제도의 도입에 반대할 수 있고 운영조직 구성과 프랜차이즈 운영에 참여할 수 있다.
버스 공급	버스는 관리계약(management contract)인 경우를 제외하고 운영자에 의해 제공되어야 한다.
차고지 공급	차고지는 많은 비용, 공사 기간과 토지이용 문제를 수반하므로 최소 10년 이상의 프랜차이즈 기간이 필요하다. 만약 공공에 의해 차고지가 공급되면 프랜차이즈 계약 기간이 짧아지고 운영자 교체도 쉽게 이루어질 수 있다.
기반시설 공급	정류장시설은 공공이나 운영자, 또는 제3의 기관에 의해 공급될 수 있다. 단기 프랜차이즈일 경우 행정당국이 기반 시설을 소유해야 하며 운영자는 이러한 시설을 공유할 수 있다.
입찰과 계약 기준	다음 입찰기준은 공공의 목적에 따라 달라질 수 있다. ■ 서비스 수준 ■ 요금 수준 ■ 비용과 보조금 액수 ■ 투자 비용
계약 연장과 재입찰 기준	보조금을 지급하는 입찰제일 경우 만기에 재입찰한다. 나머지 경우 재입찰은 운영 성과와 만족도에 따른다.
프랜차이즈 비용	프랜차이즈 비용은 결국 이용자가 부담하게 되므로 프랜차이즈 실시에 따른 비용은 없어야 한다. 프랜차이즈 비용이 발생할 경우 수익노선과 비수익노선 간의 내부 교차보조에 의해 처리될 수 있다.

<표 4> 프랜차이즈 운영제도 : 주요 논점과 대안(표 계속)

주요 논점	프랜차이즈 제도 계획 및 실시를 위한 지침
행정 당국에 의한 성과 모니터링	모니터링 수준은 서비스 의무규정에 따라 달라진다. 경쟁이 없을 경우 모니터링은 더욱 중요해지며 벌칙은 운영자에게 지급되는 인센티브의 중요한 부분이 된다. 프랜차이즈 하에서 운영자는 운영 자료를 행정 당국에 제출해야 하는 의무를 가지며 행정 당국은 반드시 모니터링 프로그램을 수행해야 한다.
제재 방안	제재는 공정한 절차를 거쳐야 하며 적절한 경고기간과 소명기회가 주어져야 한다. 벌칙은 사소한 위반의 경우에 주어지는 벌점에서 시작해서 벌금이 적용되며, 최종적으로 운영권이 상실되는 누진적 제재 방안이 적절하다. 심각하거나 반복적인 위반의 경우 최종적인 제재 방안은 계약의 조기 종료가 될 수 있다. 행정 기관은 성과 지급을 위한 보증금을 초기에 확보해야 한다.

보조금이 지급되는 운영제도에 따른 추가 사항

수입변동 위험	순비용계약(net cost contract)의 경우 운영자에게 전가되거나 행정기관이 감당할 수 있다.
수입변동 위험 감소	운영비용의 변화에 따라 계약을 조정할 수 있다.
입찰 선정 기준	입찰의 일반적인 목적은 투입되는 보조금에 대해 최고의 가치를 얻는 것이므로 서비스 기준을 만족하면서 최저 보조금을 제시하는 운영자가 최종 계약자로 선정된다.

◌ 경쟁입찰에 대한 유럽연합(EU)의 정책

경쟁입찰은 독점과 완전경쟁의 중간이라 할 수 있다. 개별 노선이나 노선망에 대한 일정 기간 동안의 독점적인 운영권 입찰은 운영자들로 하여금 자체적으로 시장을 개발할 수 있게 하고 투자를 장려하면서 시장 여건에 반응할 자유를 준다. 이용가능성(affordability), 접근성(accessibility), 통합 대중교통망과 대중교통요금제도 등 기본적인 요구사항은 행정당국의 노력에 의해 충분히 만족될 수 있다. 일반적으로 교통 행정당국은 대중교통 서비스를 계획하고 홍보하며 대중교통 운영의 모든 요소들이 완전히 충족되고 있는 지 관리해야 한다.

유럽연합(European Commission)은 경쟁을 적절하게 관리하는 경쟁입찰전략이 운영 서비스 개선을 위한 동기를 부여하면서 상대적으로 낮은 운영비용이 소요된다고 인식하고 있다. 대중교통의 서비스 수준은 대부분의 유럽 지역에서 버스 사용자들이 승용차를 경쟁 수단으로 인식하고 있기 때문에 더욱 중요하게 간주되고 있다.

〈표 5〉는 유럽연합의 경쟁입찰전략을 뒷받침하기 위해 제시된 내용으로 자료는 1990년대 30개 유럽 대도시의 대중교통 추세 분석에서 구해진 것이다. 이는 아래의 세 가지 운영체제에 따른 비용회수율(cost-recovery)과 승객 수를 비교하고 있다.

- 독점(no competition)
- 민간(런던 외곽 지역)
- 경쟁입찰(controlled competition)

<표 5> 대중교통 운영체제에 따른 성과 비교

운영체제	승객 수의 연간 변화	요금대비 운영비회수의 연간 변화
독점에 의해 운영되는 도시	-0.7%	+0.3%
민간에 의해 운영되는 도시	-3.1%	+0.3%
경쟁입찰제로 운영되는 도시	+1.8%	+1.7%

경쟁입찰제는 승객 수 증가와 요금수입대비 비용회수율 증가에 긍정적인 결과를 나타냈다. 이런 관점에서 유럽 연합은 경쟁입찰제를 보다 많은 대중교통 수단 운영에 도입하도록 권고해 왔다. 경쟁입찰제는 입찰에 의해 일정 기간 동안 특정 지역이나 노선에 대한 운영권을 특정 운영자에게 독점적으로 허용하며 이러한 입찰은 자유경쟁에 의해 이루어진다. 이러한 유럽연합규정(EU regulation)의 핵심 요소들은 다음과 같다.

- 행정기관은 안전하고 편리하게 사회 구성원 누구나 자유롭게 이용할 수 있는 합리적 요금과 높은 서비스수준으로 수요변화에 적절히 대응할 수 있는 대중교통 수단을 제공할 수 있어야 한다.
- 행정기관은 대중교통 운영자들에게 특정 지역이나 노선에 대한 독점적인 운영권을 부여한 상황에서 시민들이 요구하는 대중교통 서비스에 대한 요구사항을 수행할 수 있도록 운영비용을 적절히 보상할 수 있어야 한다.
- 행정기관은 대중교통 서비스를 제공하는데 있어 공공의 비용이 소요된다고 판단될 경우 경쟁입찰에 의한 서비스계약을 반드시 시행해야 한다.
- 경쟁입찰은 공정하고 차별없이 이루어지며 버스의 경우 운영계약기간은 최장 8년을 넘지 않는다.
- 연간 운영비용이 백만 € (한화로 약 15억원) 이하이거나 각종 부대비용을 고려한 총 비용이 3백만 € (한화로 약 45억원) 미만일 경우 경쟁 과정을 거치지 않고 계약이 이루어질 수 있다.
- 행정기관은 대중교통 시장의 1/4 이상을 이미 갖고 있거나 계약 후 갖게 될 운영자에게는 입찰을 하지 않을 수 있다.

'유럽연합의 보조원칙(EU principle of subsidiarity)' 하에서 규제는 최소제한범위 내에서 이루어져야 한다. 앞에서 제시한 원칙이 이행되는 방법 및 당국과 운영자간의 역할과 책임은 각 국가별 목적에 따라 달라질 수 있다. 또한 제안된 원칙은 앞에서 설명한 세 가지 운영체제 중 어느 것도 배제하지 않지만 이러한 원칙은 각 국가들이 전략을 결정할 때 어느 정도 영향을 미칠 것이다.

5.5.2 입찰 절차

시장을 위한 경쟁을 위해서는 보통 행정당국이 서비스수준을 규정하고 조직과 기반 시설을 지원하며 잠재적인 운영자가 규정에 맞게 제안서를 작성할 수 있는 환경을 조성할 수 있어야 한다. 입찰절차의 개요는 다음 〈그림 5〉에 나와 있다. 입찰절차는 다음의 두 부분으로 나누어진다.

- 입찰자격의 부여 : 최소 기준을 만족하는 입찰자
- 입찰의 평가

입찰자격의 부여는 입찰자(bidder)가 버스를 안전하고 효과적으로, 그리고 신뢰성 있게 운행할 수 있는지에 대한 최소 요구 조건을 준수 가능성을 평가하는 것이다. 입찰자격의 기준은 입찰자의 교통운영부문 경력, 경력직원수, 운영규모와 복잡성을 고려한 재정여건을 고려해야 한다. 만약 입찰자가 최소 기준을 만족할 경우 입찰자격을 부여 받게 되고 입찰은 평가단계로 들어간다.

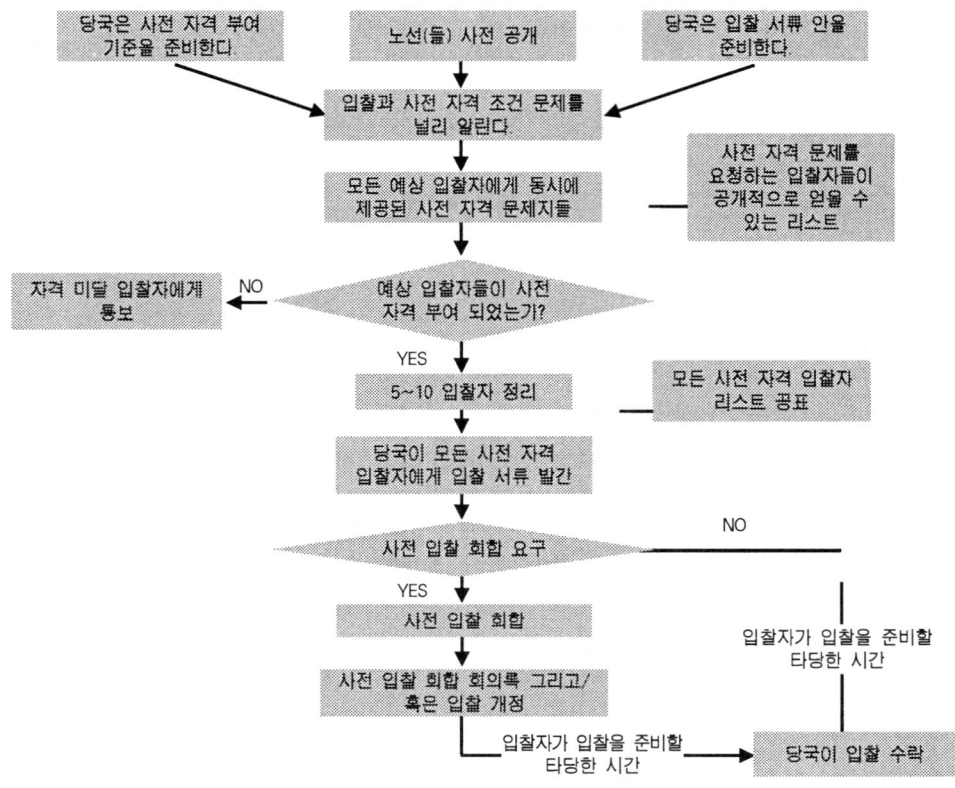

<그림 5> 입찰 절차

◯ 선진도시 : 투입 비용에 대한 최고 가치를 추구

앞 절(5.4)에서 설명했듯이, 선진도시 대중교통체계의 특징은 보조금을 지원하고 이에 대한 최고 가치를 얻는 정책목적(policy objective)의 존재라 할 수 있다. 즉, 입찰을 통해 보조금을 지급하고 주어진 서비스기준을 충족하고자 하는 것이며, 이는 유럽연합 규정의 기본이다. 보조금 지급을 위한 서비스기준으로 차량-km, 좌석-km 혹은 서비스 제공지역, 또는 운행 횟수 등이 제시될 수 있다.

입찰운영에 따른 위험

입찰운영에 따른 위험은 요금수준에 대한 과도한 제약, 수요에 맞지 않는 과다한 운행유지 등 계약조건에 따라 발생하는 추가비용 부담으로 정의될 수 있다. 〈표 6〉은 입찰운영에 따른 위험요소와 이를 극복할 수 있는 전략을 제시하고 있다.

<표 6> 입찰운영과 관련된 위험요소와 위험감소 전략

위 험 요 소	전 략
불공정한 입찰	- 투명성 확보 - 입찰 절차의 엄격한 관리 - 결과에 대한 적절한 이의제기 절차 확보
운영권 획득 후 계약 조건에 따른 역효과	- 행정 기관의 간섭을 최소화 - 제시된 정책 틀 내에서의 규제 - 운영자의 의무와 자유를 계약에 명시
요금 인상 억제	- 요금 검토 절차를 계약에 명시 - 객관적인 비용에 기초한 요금 결정 과정 확립
대중교통 수요 감소	- 대중교통 수요를 증진시킬 정부정책 시행
열악한 운영 여건	- 대중교통 우선의 교통체계 구축 - 정류장시설 개선
마을버스나 다른 운영자들의 예측 불가능한 대응	- 다른 운영자와의 대화 창구 확보 - 입찰노선을 점차로 확장
불법적인 지출	- 비용 지출 구조의 합리화 및 투명화 - 공식적이고 합법적인 규제 확립

> 경쟁 입찰제의 성공을 위해서는 경쟁입찰제 뿐만 아니라 관련 정책과 제도의 변화가 동시에 이루어져야 한다. 경쟁입찰제 도입에 앞서, 다음 절차들이 필요하다.
>
> **정책목표** : 운영자 및 이해 관계자들로부터 정책목표에 대한 동의를 얻어야 한다.
>
> **행정당국** : 계획과정과 권한 및 절차를 규정한다. 초기에는 입찰 및 허가권을 대도시나 광역권 행정당국이 집행토록 하고 시행에 따라 추가적으로 요구되는 행정조직을 확립하고 해당 조직에 기능과 권한을 부여한다.
>
> **재원확보** : 교통 부서 및 기타 관련 부서가 새로 수립되는 행정 당국에 충분한 지원(재정과 능력 있는 직원)을 할 수 있도록 한다.
>
> **계획수립** : 경쟁입찰정책 발표와 함께 3년간의 대중교통계획을 수립하고 행정당국은 입찰과 모니터링 절차를 수립한다.
>
> **입찰절차** : 입찰될 노선과 입찰 절차를 확정한다.
>
> **입찰시행** : 입찰절차를 수립하고 버스운영자에게 관리를 위한 기술적인 지원을 제공하며 계획수립, 입찰, 모니터링 절차를 시작한다.

<표 7> 입찰과 관련된 문제와 극복전략

문 제	전 략
기존 소규모 운영자들 (개발도상도시에서 흔한 현상)	입찰을 위해서는 반드시 적절한 규모로 통합되어야 한다.
시장 지배적인 공공 기반의 운영자	비용이 투명하지 않는 한 공공 운영자는 입찰에서 제외시킨다.
기존 면허 기간	면허권 포기 협상을 하거나 가능하다면 기존 면허를 취소한다.
신규 입찰 노선을 운행하기 위해 기존 운행노선의 버스	운영자와 협상해야 한다.

개발도상도시 : 최적의 운영자를 갖는 것이 목적

일반적으로 개발도상도시들의 경우 보조금이 지급되지 않는 경우가 많은데 입찰에 있어서 비용기준이 사용된다면, 다음 두 개의 기준이 적용 가능하다.

- 행정당국에 최고의 운영권 비용을 제시하는 입찰
- 최저요금을 제시하는 입찰

입찰 시 추가적인비용을 제시하는 것은 결국 대중교통 사용자에게 비용을 전가시키므로 대중교통 이용자를 최대화하려는 목적이나 사회적인 이동성 보장 목적과 일치하지 않는다.

많은 경우에 정책목적은 신뢰성 있고 효율적인 서비스를 가장 적절하게 제공하는 운영자를 선택하는 것이다. 개발도상도시들의 경우 행정당국은 보통 운영에 대한 상세한 자료나 요구되는 고도의 계획 수립 능력이 없다. 따라서 서비스와 관련된 제반 사항들을 운영자가 결정하는 것이 효율적인 경우가 많다. 입찰기준 설정에 있어서 중요한 문제는 효율적이고 신뢰할만한 서비스(조직, 법인경험, 직원의 경험과 자격, 재정여건 등)를 제공 할 운영자를 평가할 만한 지표들의 계량화가 용이하지 않다는 것이다. 또한 입찰을 위한 정성적 기준(qualitative criteria)을 사용하는 것은 이해 정도와 평가 점수가 평가자에 따라 크게 달라 논란의 여지가 있다는 것이다.

〈표 8〉은 2002년 바레인에서 버스서비스입찰에 사용된 기준이다. 효율적인 서비스를 운영할 수 있는 능력을 나타내는 입찰 자격 기준을 만족하는 운영자들만이 입찰에 참여하였다. 바레인 당국은 정책목표상 요금수준에 80%의 비중을 두었고 나머지 평가항목들은 단지 20% 비중을 차지하였다.

<표 8> Bahrain에서 버스서비스입찰 시 사용된 평가 기준(2002년)

기준	최대 점수	평가 점수
기술적 측면(technical aspects)		
회사의 자격/경험 그리고 핵심 인원 ■ 법인 경험 ■ 운영에 참여할 핵심 인원 합 계:	 5 5 10	
첫 해 운영계획 ■ 계획의 적정성과 혁신성 ■ 계획의 수준과 전문성 합 계:	 3 3 6	
초기 운행서비스 제안 ■ 적정성과 혁신 ■ 서비스 수준과 전문성 합 계:	 2 2 4	
재정적 측면(financial aspects)		
요금	80	
총 점수	**100**	

 요금수준이 정해져있고 행정당국에 운영권에 대한 비용을 지불하지 않는다면 계량화될 수 있는 평가기준인 요금이 없어짐에 따라 평가의 어려움은 더욱 커진다. 이러한 경우 중요한 평가 기준은 가장 안전하고 신뢰성이 높으며 효과적으로 수요에 대응할 수 있는 서비스를 제공할 수 있는 운영자를 택하는 것이다. 이런 요소들을 잘 나타낼 수 있는 요인들은 운영에 요구되는 경험과 자격 그리고 재정여건이다.

 입찰에 있어서 필요 이상의 전문성과 재정여건을 지닌 운영자에게 특혜를 주어서는 안 된다. 운행 조건이 신뢰성 있는 수요조사에 기반을 두고 있다면 필요 이상의 서비스(용량과 빈도)를 제공하는 운영자에게 평가 시 가점을 주어서도 안 된다. 과다한 운행능력은 운영비를 증가시키고 소비자의 요구와는 다른 서비스를 제공할 여지가 크다.

무엇보다 행정 당국은 수요와 비용을 고려한 현실적인 수준에서 운행 조건을 정해야 한다. 이를 위해서는 행정당국 내에 이러한 작업을 수행할 수 있는 전문인력이 있어야 한다. 이러한 전문적 재원이 부족한 개발도상국가의 경우 가급적 입찰 기준을 간단하게 하고 계량화해야 한다.

5.6 법적 구성요소

경쟁입찰제를 시행하기 위한 규정은 행정당국에게 대중교통체계개선을 위한 전략계획 및 개발을 이행하는데 필요한 권한을 부여하며, 동시에 행정당국에 대한 권한의 한계를 명시한다. 또한 운영자에게는 권한과 의무 그리고 자유를 명시하게 된다. 운영규정은 다음과 같은 다양한 법·제도적 내용을 포함한다.

- 국가, 지역, 또는 도시에 영향을 주는 법률(헌법, 법 혹은 시행령)
- 법률(legislation) 하에서 정해지는 기술적인 요소와 운영규정(operating standards)
- 공정성과 객관성에 준한 법적 기준에 따른 행정 절차
- 면허와 프랜차이즈
- 기타 부가적인 법률들

차량과 서비스에 대한 면허체계는 다음과 같은 이유에 의해 반드시 견고한 법적 근거를 가져야 한다.

- 운영자의 의무와 자유는 물론 행정당국의 권한과 의무 역시 명확히 규정되어야 한다.
- 법적근거는 운영 원칙과 절차를 명확하게 정의한다.
- 법률제정절차는 이해 당사자들의 의견을 합법적으로 수렴하는 공개적인 절차를 갖는다.

- 행정당국이나 운영자 모두가 의무를 불이행하거나 부적절한 행동을 취할 경우 법에 호소하여 사태를 해결할 수 있는 방법을 가질 수 있다.
- 운영권을 법적으로 보장하고 운영자에 대한 위험요소를 법적으로 보호받을 경우 운영자의 자신감을 증대시킬 수 있으며, 공식적으로 재원을 조달할 수 있는 여건을 조성하여 대중교통에 대해 높은 수준의 투자를 유도할 수 있다.

5.6.1 법률과 시행령

법률의 제정은 법률안의 수립이라는 긴 절차와 법률 승인 기관을 통과하는 과정이 필요하다. 법률은 운영을 위한 주요 원칙만을 갖고 있어야 하며, 주기적으로 개정될 필요가 있는 상세한 조항들은 보다 낮은 수준의 처리 절차를 통해 개정될 수 있도록 시행령 내에 포함되어야 한다.

인도네시아, 스리랑카 등 개발도상국가들의 경우 철도나 항공 같은 국가교통망이나 지역간 경계를 지나는 광역교통 서비스는 국가에서, 그리고 나머지 교통서비스는 지방자치단체(provincial governments)에서 책임지는 경우가 많다. 이 경우 지방자치단체는 교통관련 조례나 지침의 재정을 통해 해당 지역 내의 교통체계에 대한 완전한 사법권을 갖는다. 그러나 지방자치단체 별로 규정에 의한 서비스는 서로 차이가 날 수 있으며, 또한 광역교통의 경우 어느 지역의 규정을 적용해야 될 지 혼란스러운 상황이 발생하게 되므로 다음과 같은 내용들이 법률이나 시행령에 포함되어야 한다.

- 행정당국의 조직과 권한
- 운영권부여 절차(허가제나 면허제, 또는 프랜차이즈)
- 운영권을 유지할 수 있는 조건
- 운영권을 획득할 수 있는 조건
- 행정당국의 결정에 대한 이의 제기 절차
- 시설과 장비 그리고 차량 유지 및 보수 기준

5.6.2 세부 시행령

대중교통운영에 대한 기술적인 사항들은 법률 제정보다 낮은 공식절차가 요구되는 시행령으로 정해지게 된다. 이러한 시행령은 기술 변화나 운행 여건 변화가 빠른 개발도상국에 있어 적절하게 규정을 개정할 수 있는 기회를 제공한다.

5.6.3 기술적 지침과 표준

차량규격, 요금인상 방식과 입찰절차 같은 기술적 사항들은 기술 지침이나 표준에 포함될 수 있다. 이러한 지침은 보통 행정 당국의 전문가에 의해 수립되지만, 기술적 표준은 입찰이나 프랜차이즈 계약에 따른 합의 조건으로 운영자가 작성할 수도 있다.

<표 9> 노선 용량

노선 분류	서비스 형태	차량 형태	용량 (승객/일/차량)
간 선	빠 름 느 림	이층 버스 대형 버스 중형 버스	1,500~1,800 1,000~1,200 500~600
지 선	빠 름 느 림	대형 버스 중형 버스 소형 버스	1,000~1,200 500~600 300~400
마을버스	느 림	중형 버스 소형 버스 합승 자동차	500~600 300~400 250~300
급 행	빠 름	대형 버스 중형 버스 소형 버스	1,000~1,200 500~600 300~400

5.6.4 운영규정 수립

운영지침은 다음의 다섯 가지 목적 달성을 목표로 한다.

- 행정당국이 새로운 운영체제에 대한 경험이 없을 경우 새로운 운영체제가 시작하기 전에 정책 목적과 일치하는 포괄적인 운영절차와 기술적인 기준에 대한 정보를 확보하는 데 사용된다.
- 행정당국의 권한과 수행과정, 그리고 전반적인 의무를 정의한다.
- 운영경험을 축적하고 직원이 바뀌더라도 운영과 관리의 연속성을 보장할 수 있다.
- 직원의 교육목적으로 사용할 수 있다.
- 행정당국의 권한이 어떻게 사용되는지에 대한 기준을 운영자들에게 제공한다.

운영지침은 법률에 비해 권한이 약하며 법률 조항이나 계약에 덜 구애받으므로 여건 변화에 맞추어 수정하기가 쉽다. 따라서 이러한 운영지침은 정책환경의 변화에 따라 주기적으로 개정되어야 한다.

5.6.5 법과 규정 유지

정책과 여건 변화를 반영하기 위해 법과 규정을 개정하는 것은 행정당국의 상당한 노력을 필요로 한다. 가끔은 많은 법령들이 제정을 기다리고 있는 상황에서 교통문제는 우선순위에서 밀릴 수 있어 교통관련법안이 제정 단계까지 가는데 몇 년이 걸릴 수 있다. 그리고 정치적인 환경 변화는 관련 법안을 다시 대기 단계로 돌아가게 할 수도 있다.

많은 개발도상국가에서 법률과 규정의 개정이 주기적으로 이루어지지 않아 대부분의 법적 조항들이 시대에 뒤떨어지게 된다. 이런 상황에서 노선 입찰이나 프랜차이즈에 의해 부과된 조건들은 아무런 법적 기초를 가지지 못하는 경우도 있으며 이는 운영자에게 위험을 초래할 수 있다. 또한 진부한 조항들은 법률의 권위를 약화시키기도 한다.

5.7 요금 관리

5.7.1 요금 정책

'요금조정(control of fares)'은 대중교통에서 정치적으로 가장 예민한 문제이며 계획이 미흡하거나 제대로 적용되지 못할 경우 대중교통 이용에 큰 영향을 미치는 사항이다. 그럼에도 불구하고 특정 노선이나 지역에서 서비스를 운영하는 독점적인 운영권은 독점이라는 시장여건을 조성하므로 승객보호를 위해서는 공공이 요금에 대한 최소한의 개입이 필요하다.

서비스와 신뢰도의 중요성

1999년 Bali Public Transport Study 에서 수행한 가구방문 설문조사 결과에 의하면 대중교통 이용 시 신뢰도(reliability), 좌석확보(seat availability), 안전성(safety), 접근시간과 대기시간 그리고 통행비용과 통행시간 순으로 대답했다.

대중교통정책은 서비스를 공급하는데 소요되는 총 비용이 승객요금으로부터 회수되는지 혹은 포괄적인 보조금이나 특정 이용자 계층에 대한 보조금 지급여부 등을 포함해야 한다. 요금수준은 서비스 기준에서 빠질 수 없는 중요한 요소이지만 요금수준은 가끔 운영자들의 재정 여건을 고려하기보다 정치적, 사회적 목적에 의해 결정된다. 이런 경우, 요금은 개별 운영자들의 재정

여건을 고려하기보다 전체 대중교통을 통틀어 균일하게 결정될 수 있다. 이는 수요가 많은 노선의 승객들이 비수익 노선의 승객들을 내부적으로 교차 보조하는 형태로 나타난다(cross-subsidy within the network). 이런 현상은 개인 승용차의 이용을 억제하고 사회적 형평성을 확보하는 것으로 해석할 수도 있다.

만약 요금이 총운영비용(자산의 대체와 자본금의 합리적인 회수를 포함) 이하로 정해지면 대중교통체계는 시설에 대한 투자가 부족해지거나 외부 지원금에 의존하게 된다. 전자의 경우, 불법적인 교통수단이 부족한 시장을 파고들어 정규 대중교통체계를 무시하고 시장 여건을 반영한 요금수준으로 운영될 것이다. 후자의 경우에는, 모든 재정상의 손실이 보조금으로 지급되므로 운영자는 더 이상 효율성을 개선하려는 노력을 하지 않으며 결국 결손액은 감당할 수 없는 수준으로 증가할 것이다.

경쟁입찰제도하에서 요금수준은 일반적으로 행정기관에 의해 관리된다. 요금이 관리되는 경우 운영권은 주어진 서비스기준을 가장 잘 충족하는 운영자나 최소 보조금을 요구하는 운영자에게 주어진다. 요금에 대한 관리가 없을 경우 운영권은 규정된 서비스를 운영하기 위해 가장 낮은 요금을 제시한 운영자에게 주어질 수 있다. 경쟁입찰제의 장점은, 요금 및 보조금의 수준과 서비스기준이 운영자에게 주어지는 일반적인 재정지원 내에 포함되기보다는 입찰 과정에서 바로 파악할 수 있다는 것이다. 이러한 장점은 노선 계획을 수립하는 당국이 주어진 재원을 효율적으로 배분할 수 있게 한다.

완전한 자유경쟁조건(deregulated regime)에서는 어떠한 요금 관리도 없지만 실질적으로, 당국은 직간접적으로 요금 수준을 관리하려 할 것이다. 즉, 시장을 주도하는 운영자들이 요금수준을 관리하고 당국이 요금수준을 맞추어야 하는 형태로 진행되는 형식으로 이루어진다.

요금이 너무 낮게 정해질 경우 운영자는 생존을 위해 여러 가지 방안들을 모색할 것이다. 예를 들어, 최고요금(fare ceiling)이 정해지면 운영자는 그들의 비용을 충분히 회수할 수 있을 만큼 노선연장을 줄일 것이다. 이는 승객들에게 추가적인 환승을 강요하는 역효과를 낳게 된다.

5.7.2 요금 결정 방식

요금결정 과정에서 정치적 절차가 포함되면 대부분의 경우 요금수준은 전체 운영비용을 회수할 수 있는 수준 이하로 정해진다. 이러한 요금 결정 절차는 운영자로 하여금 재정적인 위험에 노출되게 하고 그 결과로 대중교통의 서비스가 감축되거나 악화되는데 이러한 사태의 가장 큰 피해자는 사회적 약자들이다.

요금 인상을 결정하는데 사용될 수 있는 객관적인 기준을 갖는 몇 가지 방식이 있다. 물론 각각의 방식들 역시 단점을 지니고 있으며 모두 상당한 자료 수집과 분석을 요한다.

1) 서비스를 제공하기 위해 발생하는 연간 비용 및 합리적인 관리비
2) 공식에 근거한 운영비용
3) 투자된 자산에 대한 고정 이익률
4) 총매출 대비 고정 이익률

대부분 개발도상국가는 다수의 소규모 또는 중간규모 운영자들의 도시 대중교통을 운영한다. 각 운영자들은 서로 다른 비용과 수입을 가지므로 일관된 요금결정방식을 적용하기가 어렵다. 일반적으로 운영자 별로 서로 다른 요금 수준을 정하는 것이 선호되는데, 왜냐하면 위의 네 가지 기준 중에서 네 번째로

제시한 기준(총 매출 대비 고정 이익률)만이 운영자들에게 비용 효율성을 개선시킬 동기를 부여하기 때문이다. 운영자 간의 작은 요금 차이는 충분히 수용될 수 있으며 요금 수준을 운영자들이 선택할 수 있을 경우 운영자 간의 경쟁이 촉진될 것이다. 이러한 경우 운영자들이 서비스나 안전기준을 위반하는 경우가 없도록 정부차원의 규정이 필요하다.

행정당국의 대중교통관련 분석능력이 미비할 경우 요금의 결정 권한을 운영자들에게 부여할 수도 있다. 이 경우 운영자들이 상호 암묵적인 동의하에 요금을 결정하는 독과점체제 형성을 방지하고 경쟁 환경을 유지해야 한다. 하지만 이 경우 중요한 점은 당국이 경쟁 환경을 조성할 만큼의 능력을 가지고 있어야 한다는 것이고 사실 상 이런 수준의 행정 능력이라면 요금을 관리할 수 있다는 것이다.

많은 도시들이 요금을 인상하기 위한 법적인 조항들은 가지고 있지만, 요금을 평가하고 수준을 결정하기 위한 기준이 정해져 있지 않은 경우가 많다. 실제로 법률에 의해 운영비용을 회수할 수 있도록 요금수준을 정할 수 있는 도시들은 거의 없다. 이런 환경 하에서는 요금 수준이 정치적 고려에 따라 결정되는 것을 피할 수 없다. 특히 대중교통 요금은 저소득층 비중이 큰 개발도상국가에서 아주 민감한 사안이다. 정치가들은 정부가 요금인상을 억제하고 시민들을 보호하도록 하고 싶어 하지만 정부는 가끔 아무런 시장 정보나 비용 관련 자료가 없는 상황에서 협상을 하게 된다. 이런 경우 누구도 만족하지 못하는 시민과 정부 그리고 운영자, 삼자 간의 갈등으로 귀결된다. 이런 상황에서 정부는 정치적으로 요금을 정하는 절차보다 객관적인 기준을 받아들이는 것이 보다 현명한 방법일 수 있다. 요금에 대한 과도한 제재는 저소득층의 경제활동에 대한 이동권을 제한하는 등 부정적인 영향을 줄 수밖에 없는 서비스와 안전성의 저하를 초래한다. 기존 연구들은 대부분 운행의 신뢰성이 대중교통 서비스에서 가장 중요한 기준이고 대부분 이용자들에게 요금보다 중요하게 여겨지고 있다고 분석하고 있다. 따라서 운영자의 비용을 요금에서 적절하게 회수할 수 있도록 다음과 같은 권한을 규정에 명시할 필요가 있다.

- 운영자는 운영비용 회수가 가능한 요금 수준을 설정할 수 있는 권한을 관련 법률이나 면허, 또는 프랜차이즈 계약조건으로 인정받아야 한다.
- 요금 인상은 객관적인기준에 의해 처리되어야 하고 정치적 영향을 가능한 피해야 한다.
- 시장에 충분한 경쟁이 존재할 경우 요금규제는 철폐되어야 한다.

6. 결론

 대중교통운영자가 행정당국의 정책기조에 대한 신뢰감을 갖기 위해서는 정부의 버스산업구조에 대한 실현성 있는 정책목표와 공약이 필요하다. 대중교통의 정책목표는 요금수준(level of fares)과 서비스기준(quality of service) 그리고 비용회수수준(level of cost recovery) 사이에서 적절한 균형점을 찾는 것이다.

 '요금수입에서 비용의 회수가능성(cost recovery)'은 가장 중요한 출발점(threshold)이다. 비용을 회수할 수 있는 버스체계는 운영자들 간 경쟁 동기(시장 내 경쟁)를 부여할 수 있기 때문에 효율적 관리가 가능하다. 사례에 의하면 경쟁은 효율성을 높이고 수요에 대한 책임의식과 동기를 부여하는데 가장 적절한 수단이다. 따라서 행정기관의 주요 역할은 기본적인 계획과 전략을 수립하고 경쟁이 효율적인 상태로 유지되도록 관리하는 것이다.

 요금수입에 의해 완전한 비용 회수가 불가능한 경우 행정기관은 운영자에게 좀 더 매력적인 인센티브를 부여하기 위한 관리와 계획전략이 필요하다. 공공 보조금에 대한 가치 창출과 사용에 따른 책임감을 보장함과 동시에 운영에 따른 비용 손실을 지원하기 위한 방안이 수립되어야 한다.

'시장 내 경쟁(competition in the market)'은 요금수입이 운영비용을 회수하기에 충분치 않으면 존재하기 어렵다. 시장 자체적으로 비용에 상응하는 서비스를 제공하지 않을 것이고 따라서 정부는 운영자에게 필요한 비용을 지원해야한다.

'보조금(subsidies)'은 손실이 발생하는 공공운영자(state-owned operator)의 결손을 보전하기 위해 지원된다. 이러한 공공운영자는 소규모 혹은 보조교통수단 운영자들과 시장을 공유하고 비슷한 요금 수준에서 운영비용을 회수하는 많다. 이러한 상황은 개발도상도시에서는 흔하게 볼 수 있지만, 사실상 손실이 발생하는 공공운영자와 소규모 민간운영자 간의 균형은 유지되기 힘들다. 소규모 민간운영자는 손실 증가에 따라 투자가 감소하고 효율성 향상노력이 부족한 공공운영자로부터 가장 수익이 남는 승객을 유치하려고 한다. 따라서 체계적인 평가와 모니터링 없이 정부 소유 운영자의 결손에 자금을 지원하는 것은 지속가능할 수 없다. 성과 지표(효율, 생산성, 서비스 수준 측정)에 의한 관리가 운영자의 성과에 대한 비교 분석 결과를 제공할 수는 있지만, 이 역시 경쟁만큼 효과적이지는 않다. 즉, 인센티브와 같이 효율성을 개선하려는 동기가 제공되어야 한다. 산업 구조로 볼 때 두 개의 극단 (소규모 개인소유의 분열된 운영자, 그리고 독점운영자)은 관리하기 가장 힘든 구조라 할 수 있다.

'다수의 민간운영자(fragmented ownership)로 이루어진 산업구조'는 개발도상도시에서 가장 흔하게 발생한다. 각 차량은 별도 사업이고 어떠한 운영자도 그 노선에 효과적인 운영에 책임을 갖지 않는 '하나의 차량에 하나의 면허에 기초(licensing system based on one vehicle one license)'한 면허제에서 발생한다. 이런 상황에서는 운영자들끼리 시장에 신규 진입을 차단하기 위해 조직체를 구성하는 경향이 있으며, 이것은 노선망의 경직성으로 귀결되어 시장수요 변화와 정부의 자극에 무감각하게 된다.

분열된 다수의 민간운영자에 대한 자금지원은 공공 보조금의 사용에 책임과 관리 문제 때문에 쉽지 않아 사실상 개발도상도시에서 버스에 대한 보조금 지급은 흔치 않다. 따라서 버스의 서비스수준이 결국 이용자들이 감당할 수 있는 요금 수준에서 비용 회수가 가능한 균형점(equilibrium)까지 떨어질 수 밖에 없으며 이런 관점에서 서비스 질과 안전은 극히 낮은 수준으로 유지된다.

이에 반해 선진도시들의 상황은 다르다. 유럽 대부분 도시들의 버스 운영체계는 설립 초기부터 공공의 보조금 지원을 받아왔고 미국 내 도시들은 최근 개인 승용차의 이용이 지속적으로 증대함에 따라 대중교통에 대해 보조금 지원이 이루어지고 있다. 많은 도시에서 도시의 쾌적한 환경과 모든 시민들의 평등한 이동성 보장을 위해 개인 승용차의 대체수단으로 인식되는 대중교통에 대한 보조금지급은 정부 정책의 일환이었다. 하지만 이런 도시에서 고품질의 대중교통을 유지하기 위한 비용은 지속적으로 증가해 왔고 그 결과 가장 중요한 쟁점은 공공 보조금에 대한 서비스가치를 확보하는 것이었다. 이런 관점에서 개발된 전략이 일정기간 동안 독점적 운영권 획득을 위한 운영자 들 간의 경쟁전략이다. 운영권은 비용을 절감하고 효율성을 높이기 위해 주기적으로 재입찰되며 이런 '시장을 위한 경쟁 전략(competition for the market)'은 유럽연합의 표준으로 제안되어 왔다.

경쟁을 창출하기 위해서는 시장에 다수의 운영자가 있어야 한다. 이러한 전략은 당국이 입찰에 대한 계획을 수립하고 노선을 선정해야 하며 입찰 절차가 투명하고 정확해야만 하기 때문에 행정당국의 효율성이 매우 중요하다. 행정당국은 또한 요금정산을 대행할 수 있는 기관을 가질 수 있다.

개발도상도시들의 경우 시장을 위한 경쟁전략은 적절치 못한 법·제도적 기반과 부족한 재원으로 인해 이행하기가 사실상 어렵다. 그렇지만 간단한 계획수립 절차와 기존 운영자들에게 입찰제를 적용하는 것만으로도 상당한 효과가 얻어질 수 있다.

계획의 수립은 기술적으로 정교하거나 광범위한 조사가 필요하지는 않지만 관련자료의 체계적인 수집, 기존 운영체계의 문제점 진단, 그리고 이용자로부터 반응을 포함해야 한다. 이러한 과정과 함께 핵심성과지표들이 연간 혹은 2년을 기준으로 검토되고 계획되면서 지속적으로 이루어져야 한다.

경쟁입찰제의 보다 쉬운 시행을 위해 개별 운영자들이 협의체나 공동체를 조직하여 프랜차이즈 방식으로 입찰할 수 있도록 인센티브를 제공할 수 있어야 한다. 개별운영자들의 통합은 입찰을 통한 효과적인 관리의 기본이다. 하지만 무엇보다 현재의 상황을 개선하기 위해서는 비효율적인 공공 대중교통 운영자를 개혁하거나 낮은 수준의 보조교통수단 서비스를 개선하건 간에 상당한 정치적 의지와 제도적 개선능력이 요구된다는 것을 인식해야 한다.

【 참고 문헌 】

Bali Urban Infrastructure Project (BUIP), Dorsch Consult (for The World Bank), "Bali Public Transport Study", *Volume 1: Greater Denpasar*, 1999.

Bali Urban InfrastructureProject (BUIP), Dorsch Consult (for The World Bank), "Bali Public TransportStudy", *Report TR03: Transport Deficiencies andProposals*, 1999b.

Kenneth M. Gwilliam, Richard T. Meakin and Ajay Kumar, *Designing Competition in Urban Bus Passenger Transport—Lessons from Uzbekistan*. Discussion Paper TWU-41, Transport Division, TWU, The World Bank, April 2000, http://www.worldbank.org/transport/publicat/pub_tran.htm.

GTZ SUTP, *Public Transport Reform through a Demonstration Route*, Draft Final Report, 2001, available at http://www.sutp.org.

GTZ SUTP, *Technical Guidelines on Bus Route Tendering*, 2001a, available at http://www.sutp.org.

Louis Berger Inc, *et. al*, *Urban Public Transport Policies in Bandung*, Final Report, March 2000.

World Bank, Technical Paper No. 68, *Bus Services —Raising Standards and Lowering Costs*, 1987.

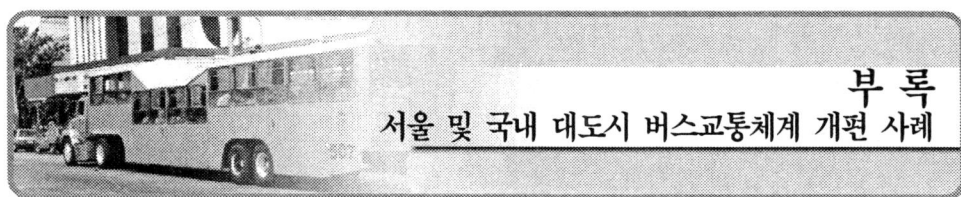

부록
서울 및 국내 대도시 버스교통체계 개편 사례

1. 개편 배경

가. 대중교통정책의 시대별 변화

- ○ '60년대는 경제부흥사업의 추진과 함께 전차운행중단, 자가용 승용차의 보급 및 버스중심의 대중교통체계가 형성되는 시기
  - 버스가 도시교통의 중심축을 형성
  - 택시면허 발급 및 운행이 활성화
  - 경인고속도로와 경부고속도로가 속속 개통
- ○ '70년대는 경제성장 및 도로망 확충과 지하철 시대가 개막된 시기
  - 서울 지하철 1호선 개통(1974년)되면서 지하철 시대가 개막
  - 공영버스의 민간 매각에 의한 버스 민영화가 추진
- ○ '80년대는 자동차의 대중화로 도로정비가 활발한 가운데, 서울지하철 2, 3, 4호선이 개통되어 본격적인 지하철 시대를 맞이한 시기
  - 자동차보유대수 100만대 돌파('70년 12만7천대)
  - 주택 2백만호 공급정책에 따라 분당, 일산, 평촌, 중동 산본 등에 신도시가 건설되어 도로 교통혼잡이 광역적으로 진행
  - 지하철의 지속적 확충으로, 지하철 이용승객과 승용차 이용자는 증가한 반면 버스 이용승객은 감소

○ '90년대는 자동차 1,000만대(1997년) 시대의 도래와 함께 자동차 중심의 도시교통체계가 구축되면서 대중교통서비스의 질적 향상을 위해 노력하는 시기
  - 승용차이용을 억제하고 대중교통수요를 증대하기 위한 대중교통서비스의 다양화 및 고급화를 추진
    · 교통수요관리정책: 버스전용차로제, 도심혼잡통행료, 승용차 10부제 등
    · 대중교통고급화정책: 고급좌석버스, 교통카드제, 대중교통정보화, 택시 콜(Call)시스템 등
  - 대중교통 서비스의 다양화 및 고급화를 추진하였으나 대중교통활성화 정책 미흡으로 대도시교통문제를 해결하지 못함
    · 버스의 정시성 결여, 불편한 환승, 버스와 지하철간의 환승체계미흡 등이 대중교통 이용의 장애 요인으로 떠오름
○ 2000년대는 서울의 대중교통체계 개편을 필두로 대중교통체계의 획기적 개선을 위한 정책이 시행되고, 대중교통의 육성 및 이용활성화를 위한 제도적 기반을 갖추어 가고 있는 시기

<표 1> 대중교통정책의 시대별 변화

구 분	주요정책 및 실적	법·제 도
'60년대	· 전차운행 중단('68년) · 급행좌석버스와 시영버스운행 · 택시면허발급 · 경인, 경부고속도로 개통	· 도로법('61년) · 도로정비촉진법('67년)
'70년대	· 지하철1호선 개통('74) · 버스민영화 추진(수송분담율 73%, 서울기준)	· 지하철도건설촉진법('79년) · 주차장법('79년) · 고속국도법('70년)
'80년대	· 자동차보유대수 100만대 돌파('85년) · 서울지하철 2,3,4호선 개통 · 부산지하철 1호선개통	· 도시교통정비촉진법('86년) · 지하철도의건설및운영에관한법률('86년) · 국유철도건설촉진법('84년)
'90년대	· 자동차 1,000만대 돌파('97년) · 서울지하철 5,7,8호선 개통 · 부산지하철 2호선 외 대구, 인천지하철 1호선 개통 · 교통수요관리방안 시행: 버스전용차로제, 승용차10부제 등 · 대중교통활성화정책 시행: 고급좌석버스, 교통카드, 대중교통정보화 등	· 교통체계효율화법('99년) · 대도시권광역교통관리에관한특별법('97년) · 도시철도법('91년) · 공공철도건설촉진법('91년) · 고속철도건설촉진법('96년)
2000년대	· 서울지하철 6호선 및 광주지하철 1호선 개통 · 버스 준공영제 시행 · 중앙버스전용차로제 시행(초급 BRT) · 대중교통정보시스템(BIS) 구축 · 대중교통요금체계 개편: 거리비례제, 무료환승 등 · 저상버스, CNG버스 도입	· 대중교통육성및이용촉진에관한법률('05년) · 교통약자의이동편의증진법('05년) · 철도건설법('04년)

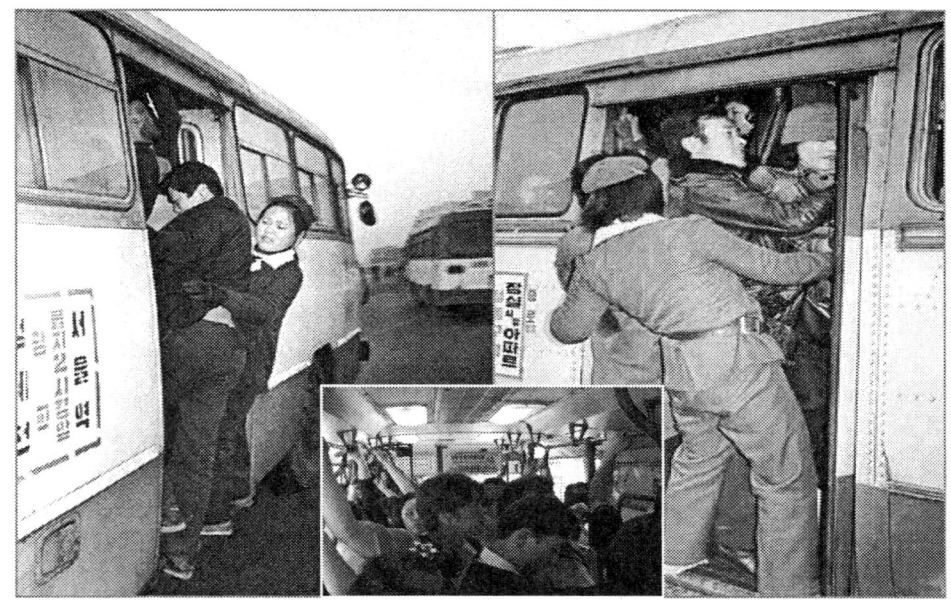

<그림 1> 과거 서울 시내버스

나. 서울시 버스체계 개편의 배경

1) 지하철 및 도시철도의 건설

○ 시내버스의 대체제로서의 성격을 갖고 있는 지하철 및 도시철도는 1994년에 1기 지하철이, 2000년에 2기 지하철이 순차적으로 개통되어 지하철 노선이 버스노선과 상당부분 경합하게 되었으며, 이에 따라 1997년 버스 노선개편을 시행하여 경합비율을 상당수 줄였으나 버스 승객은 여전히 지하철 및 도시철도로 전환하고 있음

2) 수도권 교통의 광역화

○ 연도별 인구추이를 살펴보면, 서울시 인구분산정책 및 거듭되는 신도시 개발로 서울시내의 인구는 계속적인 감소추세를 보이는 반면, 인천시와 수도권의 인구는 계속적인 증가추세를 보임

<표 2> 수도권 인구 및 시내버스 연계지역 인구추이

구분		전국인구 (천명)	수도권 인구(천명) 및 인구증가율(%)			
			계	서울시	인천시	경기도
1994년	인구수	44,641	19,983 (44.8)	10,385 (52.0)	2,242 (11.2)	7,355 (36.8)
	인구증가율	-	-	-	-	-
1996년	인구수	45,524	20,703 (45.5)	10,195 (51.0)	2,375 (11.9)	8,131 (40.7)
	인구증가율	0.94	1.42	-0.78	1.9	3.9
1998년	인구수	46,286	21,197 (45.8)	10,051 (50.3)	2,464 (12.3)	8,681 (43.4)
	인구증가율	0.71	1.01	-0.15	1.22	2.43
2000년	인구수	47,008	21,747 (46.3)	10,078 (50.4)	2,522 (12.6)	9,146 (45.8)
	인구증가율	0.71	1.51	-0.18	1.38	2.72
2002년	인구수	47,639	22,250 (46.7)	10,041 (50.2)	2,586 (12.9)	9,621 (48.1)
	인구증가율	0.6	1.08	-0.18	1.09	2.34

주 : 수도권인구는 서울, 인천, 경기도 인구의 합임.
　　( )내 비율은 수도권의 전국 인구대비이며, 서울·인천·경기지역은 수도권 인구대비임.
자료 : 1994년부터 2000년까지의 각종 통계연보 참조

○ 이러한 현상은 서울시의 인구가 외곽지역인 경기도와 인천시 등으로 이주한 결과에 따른 것으로 이는 수도권에서 상당부분 출·퇴근 및 등교 등의 통행이 서울시로 이루어지고 있음을 의미함

3) 자동차의 지속적인 증가 및 교통혼잡 심화

○ 자동차 등록대수는 IMF체제 이후 다시 증가추세를 보이고 있으며, 교통량 역시 다시 증가하고 있음
○ 승용차 및 버스의 통행속도는 90년대의 막대한 지하철 및 교통기반시설에 대한 투자에도 불구하고 정체되어 있는 상황임

<표 3> 각종 교통지표 추이

구분			'94	'95	'96	'97	'98	'99	'00	'01	'02
도로연장(km)			7,621	7,675	7,689	7,737	7,801	7,842	7,888	7,935	7,943
도로율(%)			19.59	19.85	20.19	20.42	20.66	21	21.01	21.19	21.40
교통량 (천대/일, 양방향)		도심	1,819	1,683	1,730	1,657	1,543	1,515	1,518	1,474	1,575
		한강교량	1,764	1,839	1,906	1,927	1,794	1,642	1,635	1,529	1,628
		간선	-	2,718	2,511	3,305	3,213	2,813	3,258	3,032	3,344
		시계	2,313	2,350	2,433	2,761	2,640	2,506	2,621	2,668	2,873
1일평균 통행속도 (km/h)	승용차	전체	23.18	21.69	20.9	21.06	25.41	25.41	22.92	21.7	22.5
		도심	20.04	18.25	16.44	16.85	17.72	21.19	18.84	16.6	16.3
		외곽	23.4	21.92	21.23	21.33	25.9	25.68	23.21	22.1	23.0
	버스		18.42	18.79	18.35	18.69	20.07	19.21	18.99	19.1	18.91
자동차등록대수 (천대)			1,932	2,043	2,168	2,249	2,199	2,298	2,441	2,550	2,691
			20.04	18.25	16.44	16.85	17.7	21.19	18.54	16.6	16.3

주: http://traffic.seoul.go.kr/ 참조

4) 교통수단별 분담률 변화

o 1996년까지 분담률의 우위를 차지하던 버스는 2기 지하철의 단계적 개통으로 상당수의 승객이 지하철로 전이되어, 1997년에는 지하철 분담률이 버스분담률보다 높아졌음

<표 4> 교통수단별 승객수 및 분담률 추이

연도	구 분	버 스	지하철	소 계 (버스+지하철)	승용차	택 시	기 타	총 계
1996년	수송인원	8,357,730	8,182,634	16,540,364	6,829,224	2,901,178	1,528,794	27,799,560
	분담률	30.1%	29.4%	59.5%	24.6%	10.4%	5.5%	100.0%
2002년	수송인원	7,705,001	10,284,673	17,989,674	7,982,832	2,194,799	1,512,971	29,680,276
	분담률	26.0%	34.7%	60.6%	26.9%	7.4%	5.1%	100.0%
증감	증감인원	-652,729	2,102,039	1,449,310	1,153,608	-706,379	-15,823	1,880,716
	증감률	-7.8%	25.7%	8.8%	16.9%	-24.3%	-1.0%	6.8%

자료: 서울시가구통행실태조사(서울시정개발연구원, 2002)

5) 버스 수송인원의 감소

○ 도로부문의 교통혼잡 발생으로 운행속도가 저하되고 이용자들의 생활수준 향상에 부응하지 못하는 버스 서비스의 정체로 인해 버스 승객수는 지속적으로 감소함

○ 시내버스의 버스대당 수송인원이 1990년의 791명에서 2002년 514명으로 감소하였음

<그림 2> 개편 전 서울시 도시교통

<표 5> 버스 수송인원의 추이

구 분	면 허 대 수	수 송 인 원	1일대당수송인원
1976년	5,000	2,064,819,380	1,131
1983년	8,310	3,241,992,484	1,069
1990년	8,781	2,536,541,300	791
1997년	8,665	1,662,181,580	526
2002년	8,134	1,525,667,603	514

자료 : 서울시 교통시스템 개편(서울시정개발연구원, 2005)

6) 버스 차량 대수의 불변

○ 버스차량대수의 추이는 1990년에서 1995년까지는 8,780대에서 8,845대로 총량제 실시에 따라 증가하였으나, 1998년부터 업체 수 감소로 인해 버스대수가 점차적으로 감소하다가 2002년 367개 노선에 8,126대(공항버스 포함)가 운행 중

<표 6> 버스유형별 차량대수와 노선수 변화

구분		버스대수(대)					노 선 수(개)				
연도		1990	1995	1998	2000	2002	1990	1995	1998	2000	2002
계		8,780	8,845	8,449	8,364	8,126	379	452	371	367	367
%		100	100	100	100	100	100	100	100	100	100
도시형		6,448	5,969	6,386	6,564	6,541	307	282	256	255	251
%		73.4	67.5	75.6	78.5	80.5	81	62.4	69	69.5	63.5
순환		-	105	285	320	514	-	14	32	35	64
%		-	1.2	3.4	3.8	6.3	-	3.1	8.6	9.5	16.2
좌석계		2,322	2,771	1,778	1,480	1,071	72	156	83	72	52
%		26.6	31.3	21	17.7	13.2	19	34.5	22.4	19.6	13.2
좌석	일반	2,332	2,277	1,264	849	949	72	132	56	42	42
	%	26.6	25.7	15	10.2	88.6	19	29.2	15.1	11.4	80.8
	심야	-	387	514	577	13	-	17	15	25	13
	%	-	4.4	6.1	6.9	1.2	-	3.8	4.1	6.8	25.0
	직행	-	112	-	54	122	-	7	12	5	10
	%	-	1.3	-	0.6	11.4	-	1.5	3.2	1.4	19.2

주 : 2002년 자료는 9월 인가 현황임
자료 : 서울시 대중교통과 자료

7) 시내버스업체의 경영구조 악화

○ 지속적인 경영상태 악화

<표 7> 버스 1대당 평균 운송수지 현황

(단위:천원)

사업년도	연 간			일 일		
	순운송비용	순운송수입	순운송적자	순운송비용	순운송수입	순운송적자
2000	113,525	108,878	4,647	311	298	13
2001	119,295	115,029	4,266	327	315	12
2002	122,312	119,474	2,838	335	327	8
증감('01~'02)	1.4%	2.7%	-34.2%	1.4%	2.7%	-34.2%

주 : 증감은 2001년과 2002년 비교임
자료 : 서울시 교통시스템 개편(서울시정개발연구원, 2005)

2. 2004년 서울시 버스체계 개편

가. 버스노선체계

1) 문제점

○ 과다한 장대 및 굴곡노선
  - 지나친 장거리노선과 굴곡노선은 우회의 개념으로 받아들여지며, 도시 전체의 대중교통서비스(신속성)의 저하초래
  - 교통권역을 3개 이상 통과하는 노선은 전체의 52.3%를 차지
  - 평균굴곡도는 1.3(도시형 1.4, 좌석형 1.2)으로서 1.3이상 노선이 전체의 57.1%를 차지함.

○ 특정지역의 노선집중
  - 한정된 지역의 노선중복은 대중교통빈곤지역을 발생시키며, 버스운영의 효율성저하
  - 평균중복도 10.8(도시형 10.7, 좌석형 11.4)로 매우 높음

○ 버스이용자 수요패턴과 버스배차운영의 불일치
  - 타교통수단과의 경쟁력을 확보하기 위한 운행속도, 도착시간에 대한 신뢰성, 정시성이 부족

○ 지하철과의 경합도
  - 평균경합도 44.4%(도시형 44.8%, 좌석형 41.8%)
  - 경합도가 60%이상인 노선은 60개로 이중 도시형(일반)은 56개(22.4%) 노선임

2) 노선개편의 목적

○ 노선체계를 간지선으로 개편하여 간선은 직선화하여 신속성을 높이며, 지선의 경우는 간선과 연계하여 환승을 유도하여 장거리노선을 단축화하고, 중첩도를 감소시켜 불필요한 버스공급을 방지

<그림 3> 서울시 가로변 버스전용차로

3) 주요 개편 내용: 간지선체계 도입

○ 일부 간선을 제외한 지선버스의 단거리화로 버스의 운행거리 단축, 서비스향상, 운행비용 감소, 환경오염 감소, 대기시간과 차내시간 단축으로 인한 통행시간 감소, 지하철연계 및 보완기능 향상 등

○ 버스의 기능 재정립
  - 간선(Blue), 지선(Green), 순환(Yellow), 광역(Red)버스의 4개의 버스유형으로 체계화

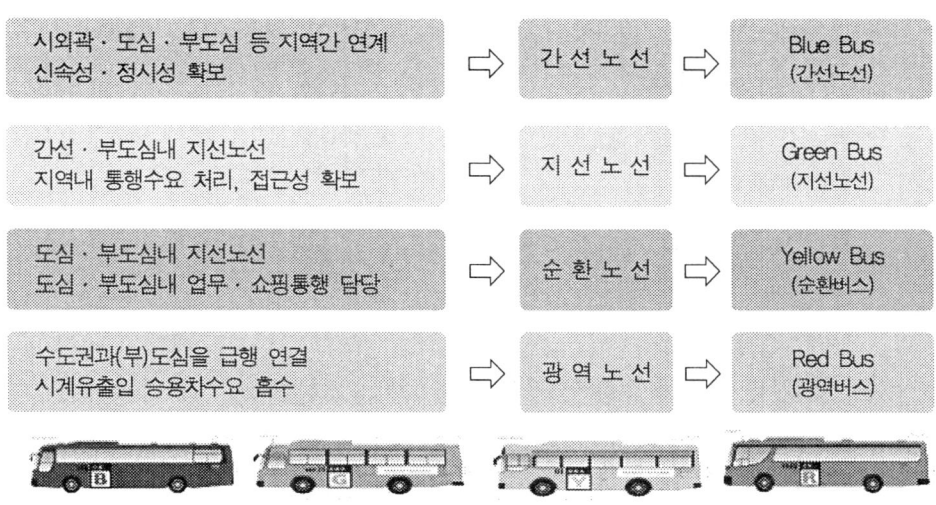

<그림 4> 버스기능의 재정립

나. 요금체계

1) 문제점

○ 각 교통수단별 독립된 요금징수체계
  - 대중교통수단 간에 갈아탈 때마다 별도요금을 지불해야 탑승가능(환승장벽)
  - 환승시 별도요금 부담으로 접근성과 신속성·정시성을 확보하려는 노선개편의 장애요인으로 작용

○ 이용서비스 정도와 상관없는 균일요금 체계
  - 버스 균일요금제 : 평균통행거리 약 6km
  - 지하철 구간제(시내 1,2구간) : 평균통행거리 12.8km
  - 기술적 제한으로 이용서비스 정도를 고려하지 않는 획일적인 요금체계 지속

○ 대부분이 교통카드를 이용함에도 현금위주의 요금체계 지속
  - 교통카드 도입 초기에 카드이용 장려를 위해 할인정책 시행

- 교통카드 이용율 증가로 대부분이 교통카드로 대중교통 이용
  · 96년 선불교통카드, 98년 후불교통카드 도입
  · 교통카드 이용율: 2000년(29.3%) → 2003년(73.4%) → 2004년 2월(74.4%)
- 현금이용에 따른 요금수입의 투명성 제약, 관리비용 발생, 승차혼잡

2) 요금개편의 목적
○ 노선개편에 의한 환승증대로 대중교통수단간 갈아탈 때 무료 환승체계 구축
○ 대중교통이용에 비례하여 요금을 지불하도록 하여 이용자 간 형평성을 추구
○ 운송비용 보존과 동시에 저렴한 대중교통 요금 동시 추구
○ 버스산업 경영의 투명성을 위하여 카드이용 촉진
  - 대다수의 대중교통이용자가 교통카드를 이용하고 있어, 교통카드 기준 표준요금제 및 1회권 이용 시 원가개념의 추가요금제 도입

3) 주요 개편 내용: 통합요금거리비례제 도입
○ 대중교통수단간 환승 시 무료환승체계 구축
  - 통합거리비례제를 통한 기본거리 무료환승체계 구축
  - 거리단위 : 10km이내 기본요금, 이후 매 5km마다 추가요금
   · 이용수단, 환승횟수에 상관없이 기본거리는 기본요금 부과 (무료환승)
  - 적용대상
   · 지하철 전동차간 갈아탈 때 : 현재 기본거리 무료환승제 시행중
   · 간선버스, 지선버스, 순환버스(마을형), 지하철 간에 환승 시 : 신규도입
   · 단, 통행거리가 장거리인 광역버스의 경우 기본요금이 높아(1,400원) 통합요금제로 인한 할인효과가 거의 없어 제외

다. 준공영제

1) 문제점
- ○ 버스노선의 사유화로 노선 조정의 어려움
- ○ 수익노선과 비수익노선간의 서비스 안정성 차이
- ○ 버스산업의 경영악화로 인한 서울시의 재정적 지원 심화
- ○ 수익추구로 인한 운행상의 경쟁은 있으나, 업체간 운영측면의 경쟁 부재로 운영효율성 추구가 부족

2) 목적
- ○ 버스노선의 공공성 확보
- ○ 모든 노선에 서비스 안정화 및 수준 향상
- ○ 잠재적 경쟁원리를 도입하여 업체운영효율성 향상

3) 주요 개편 내용: 노선 입찰제 및 수입금 공동 관리
- ○ 기본원칙

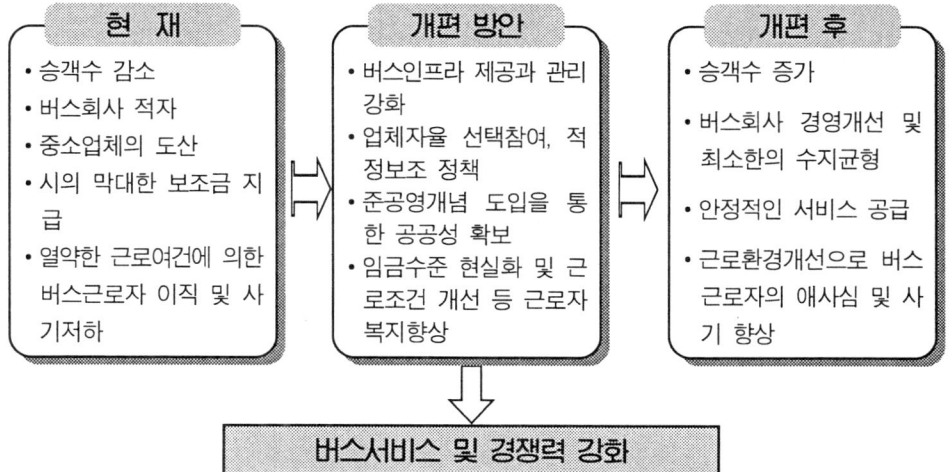

<그림 5> 운영체계 개편의 기본방향

- 노선에 대한 공적개념 정착
- 고용안정 등 사회혼란 최소화
- 시민・전문가・이해당사자들의 참여를 통한 협의 유도
- 모니터링 체계 등 서비스 제고가 가능하도록 경쟁시스템을 구축
- 노선체계 개편 후, 업체자율조정노선과 입찰노선으로 구분
- 업체는 공동운수협정을 통해 수입금을 공동관리하고 운행실적에 따라 정산함

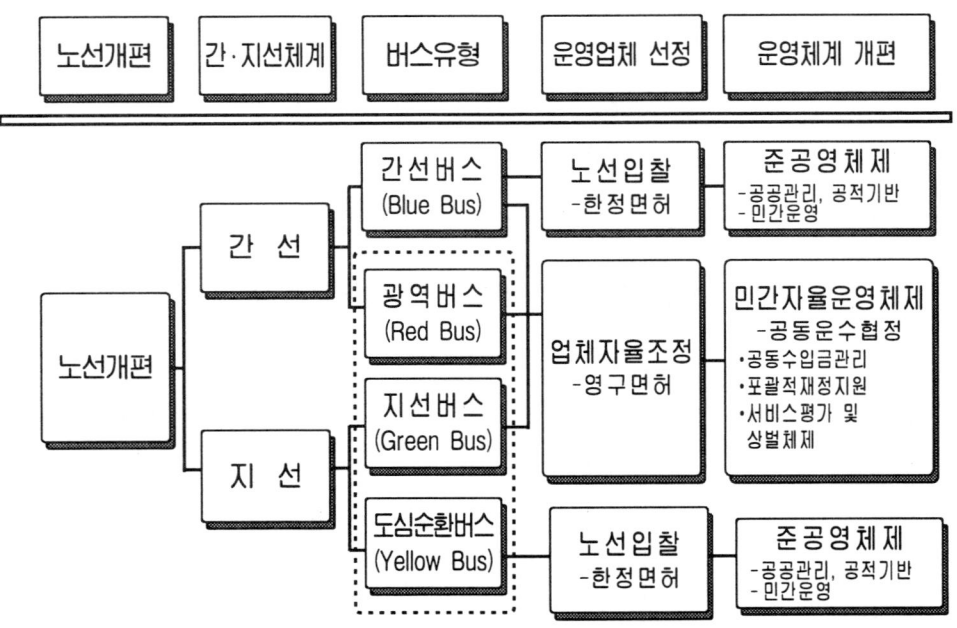

<그림 6> 노선체계별 운영체계

○ 수입금 공동관리체계와 운영실적에 대한 운영비용 정산

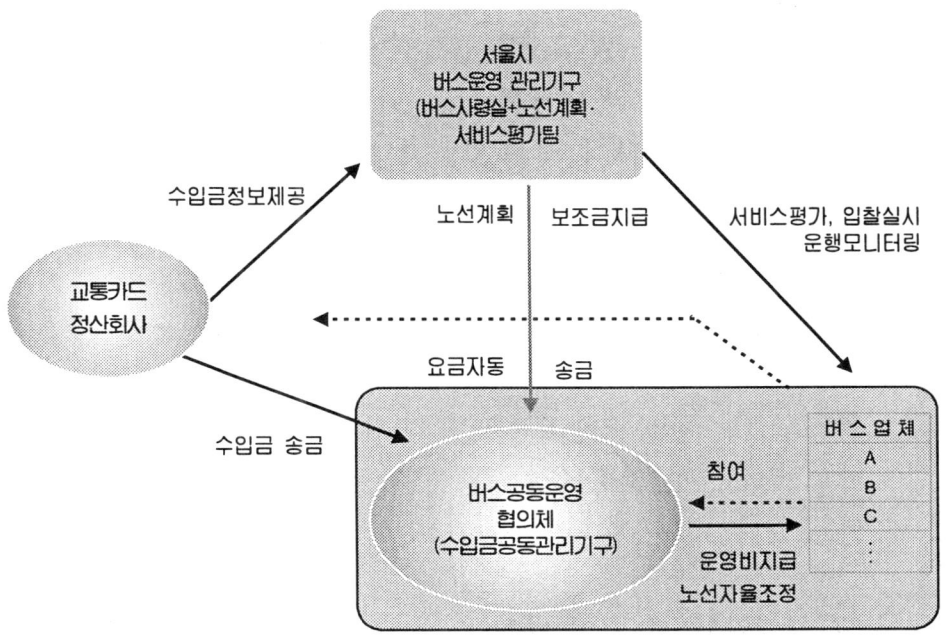

<그림 7> 버스관련 각 기관의 역할

라. 기타

○ 신 교통카드 체계 구축
- 1997년부터 서울시에 도입된 교통카드는 편리성으로 인해 대중교통 이용객 대다수가 사용하는 필수요금 지불 수단이 되었으나 사용자 증가로 인한 용량 증대 문제 및 민간 운영으로 인한 공공성 확보를 목적으로 신 교통카드 체계를 구축

○ 중앙버스 전용차로
- 서울시 전역에 버스운행환경을 개선하기 위한 가로변전용차로가 설치되어 있음에도 불구하고, 가로변의 불법 주정차, 세가로의 진출·입, 택시 승하차 등으로 제 기능을 담당하지 못함. 이러한 영향을 최소화하고 버스의 서비스를 향상시키기 위한 방안으로 도봉·미아로, 강남대로, 수색·성산로에 중앙버스전용차로가 설치되었음

<그림 8> 서울시 중앙버스전용차로

o 버스 사령실
  - 버스 운행 관리 및 실시간 운행 정보 제공을 위해 각 버스에 위치 추적 장치(Global Positioning System: GPS) 설치하고 버스의 위치, 속도, 버스의 운행실적 등의 자료를 수집하는 버스종합사령실을 설치
  - 이를 통해 버스배차간격 조정, 노선별 운행실태를 통한 업체평가가 가능하도록 하며 이용객들에게 실시간 운행정보를 제공

<그림 9> 서울시 버스종합사령실

o 버스 고급화 추진
  - 버스에 대한 부정적인 이미지를 개선하고 이용자들의 기대수준에 부응하기 위해 이용이 편리한 저상버스, 고용량의 굴절버스, 친환경적인 CNG 버스를 도입

<그림 10> 서울시에서 도입한 굴절버스

○ 버스개혁 시민위원회 구성
 - 기존의 대중교통관련 개혁들이 관련 주체간의 이해관계로 인해 추진되지 못한 사례들을 감안하여 서울시 교통국, 서울시 의회, 서울시 경찰청, 서울시 버스운송조합, 서울시 버스운송노동조합, 서울시 마을버스 운송조합, 시민단체, 교통전문가, 회계사, 변호사 등 20명으로 구성된 버스개편시민위원회(Bus System Reform Citizen Committee: BSRCC)가 도시거버넌스(urban governance) 형태로 참여하여, 개편안건 합의과정에서 서울시와 버스운송조합 간에 빈번하게 발생하는 대립과 갈등을 조정하는 역할을 함

3. 개편 결과

○ 서울시의 버스체계 개편 후 국내 여러 대도시들도 서울시와 비슷한 형태의 버스체계 개편을 시행함

<표 10> 지자체별 버스준공영제 시행현황

구 분		서울특별시	대전광역시	대구광역시	광주광역시
목 적		-노선의 공공성 강화 -안정적 서비스 제공	-안정적 공급 -서비스 제공	-노선 공공성 강화 -효율성극대화	-고객감동의 버스체계개편 -안정적 노선운행
운영 체제	수입금공동관리제	○	○	○	○
	총비용 노선입찰제	○	×	×	×
시행일시		2004년 7월 1일	2005년 7월 4일	2006년 2월 19일	2006년 12월 21일
요금제 유형		통합거리비례제	무료환승제	무료환승제	무료환승제
준공영제 도입전 버스운영체제		개별노선제	공동배차제	공동배차제	공동배차제
준공영제 도입전 환승할인요금제		할인없음	할인없음	할인없음	1시간 1회 한하여 무료
수입금관리기구 (수입금공동관리제 시행시)		수입금공동관리 협의회(운송사 업조합 내 위치)	정산팀을 시에서운영 (운영업체에 관리직원파견)	수입금공동관 리업체협의회 (버스운송사 업조합 내 위치)	수입금공동관리 위원회 (버스운송사업 조합 내 위치)
독립적인 버스관리기구		×	×	×	×
운행 업체 평가	경영(운행성과) 평가	○	○	○	○
	서비스(만족도) 평가	○	○	○	○
	인센티브수준	버스운행이윤의 25%('07)	6천만원('06)	3억원('07)	기업이윤의 6%('07)
준공 영제 외 개편 제도	노선개편 노선조정	○	○	○	○
	노선개편 유형구분	○	×	○	○
	요금체계	○	○	○	○
	중앙버스전용차로	○	×	×	×
	신교통카드	○	○	○	○
	BMS 구축	○	○	○	○
	환승편의시설	○	×	○	○

자료: 버스준공영제 평가와 개선방안 연구(한국교통연구원, 2007)

○ 지자체별 도입에 따른 효과는 다음과 같음

<표 11> 지자체별 대중교통 개편 및 활성화 효과 비교

구분		서울특별시	대전광역시	대구광역시	광주광역시
버스통행	도입전(천통행/일)	4,870('03.7-12)	352.5('05.1-6)	657.7('05)	424.4('06.1~5)
	도입후(천통행/일)	5,404('05.1-6)	392.3('06.1-6)	683.6('06)	421.7('07.1~5)
	변화율(%)	10.97	11.29	3.94	-0.65
환승통행 비율	도입전(%)	22.94('02)	0.48	10.2('05)	12.8('06.1~5)
	도입후(%)	38.20('05)	11.53	12.6('06)	19.1('07.1~5)
	변화율(%)	66.52	2302.08	23.53	49.83
교통카드 이용률	도입전(%)	77.4('03.12)	44.7	46.0('05.1)	74.5('06.1~5)
	도입후(%)	88.3('04.12)	64.5	84.3('07.1)	80.5('07.1~5)
	변화율(%)	14.08	44.30	83.26	8.10
시내버스 사고	도입전(건/月)	663('04.1-6)	671	97('05)	
	도입후(건/月)	466('05.1-6)	660	87('06)	
	변화율(%)	-32.73	-1.64	-10.31	
서비스 만족도	도입전(%)	22.4	13.0('03.3)	-	
	도입후(%)	30.4	29.8('06.7)	40.6%('06.7)	
	변화율(%)	35.71	129.23		
민원발생 건수	도입전(건)		485('05.1-6)		
	도입후(건)		196('06.1-6)		
	변화율(%)		-59.59		
노선당 이용승객	도입전(명/노선)	13,342	3,791('05)	6,577('05)	5,512
	도입후(명/노선)	10,833	4,091('06)	6,637('06)	4,824
	변화율(%)	-18.81	7.91	0.91	-12.48
1km운행당 이용승객	도입전(명/km)	2.31	1.41		
	도입후(명/km)	2.54	1.58	1.57	
	변화율(%)	9.96	12.06		
운행차량당 이용승객	도입전(명/대)	666	365('05)	383('05)	455
	도입후(명/대)	682	382('06)	438('06)	467
	변화율(%)	2.40	4.66	14.36	2.64

자료: 버스준공영제 평가와 개선방안 연구(한국교통연구원, 2007)

역자소개

안우영

- 미국 오하이오 주립대학교 도시계획(석사)
- 한양대학교 환경대학원 교통계획(석사)
- 영국 런던대학교(University College London) 교통공학(박사)
- 한국교통연구원 책임연구원
- 현재 국립공주대학교 건설환경공학부 조교수

박진영

- 서울대학교 환경계획학(석사)
- 영국 런던대학교(Imperial College London) 교통공학(박사)
- 현재 한국교통연구원 책임연구원

버스 운영체제와 계획

인쇄일 | 2008년 8월 20일
발행일 | 2008년 8월 25일

저　자 | Richard Meakin 저
　　　　 안우영 박진영 공역

발행인 | 김 재 현
발행처 | 공주대학교
　　　　 공주시 신관동 182
　　　　 Tel (041) 850-8752

인쇄처 | 정 우 사
　　　　 Tel (042) 636-1630

ISBN　978-89-87018-01-0 92500
정가　10,000원
등록번호 제5호

　　　잘못 만들어진 책은 교환해
　　　드립니다.